和若铁路建设技术创新与实践

《和若铁路建设技术创新与实践》编委会　著

中国铁道出版社有限公司

2024年·北　京

内 容 简 介

本书总结了和若铁路建设期间所取得的创新成果和实践经验，主要包括风沙防治、新型列控系统工程试验、普速铁路桥墩及涵洞预制装配式建造技术研究、融合当地文化元素的“一站一景”特征及生产力布局整合、管用实用的“四小四新”等，从项目需求、方案设计、过程实施、结果效果评估等方面进行提炼。

本书反映了我国西部铁路绿色科技创新和绿色修建技术，内容丰富，可供从事类似工程建设管理的专业人员学习参考，也可作为相关专业管理人员和技术人员的参考书。

图书在版编目(CIP)数据

和若铁路建设技术创新与实践 /《和若铁路建设技术创新与实践》编委会著. -- 北京 ：中国铁道出版社有限公司，2024. 11. -- ISBN 978-7-113-31546-7

Ⅰ. F532.3

中国国家版本馆 CIP 数据核字第 20246UY877 号

书　　名：和若铁路建设技术创新与实践
作　　者：《和若铁路建设技术创新与实践》编委会

策　　划：徐　艳
责任编辑：张卫晓　　**编辑部电话**：(010)51873193
封面设计：崔丽芳
责任校对：刘　畅
责任印制：高春晓

出版发行：中国铁道出版社有限公司(100054，北京市西城区右安门西街 8 号)
网　　址：https://www.tdpress.com
印　　刷：北京盛通印刷股份有限公司
版　　次：2024 年 11 月第 1 版　2024 年 11 月第 1 次印刷
开　　本：710 mm×1 000 mm 1/16　**印张**：13.25　**字数**：217 千
书　　号：ISBN 978-7-113-31546-7
定　　价：116.00 元

编　委　会

主　任：王同军

副主任：叶阳升　汤晓光　钱征宇　马新民

主要编写人员：

中国铁路乌鲁木齐局集团有限公司：

罗培新　王尽忠　谷学军　宋　鹏　蒲发林

胡国星　施文龙　王　君　邓　斌

中铁第一勘察设计院集团有限公司：

杨宝荣　赵加海　贡力新　张振钛　方桂芬

袁　娟　张　军　宗新彦

中国铁道科学研究院集团有限公司：

张　淼　李　刚　梁志国

中铁大桥局集团有限公司：

陈军洋　吴江林

国铁集团工程管理中心：

马明正　辛维克　朱　旭　孙明智　江忠贵

马　章　韩晓强　杜通道　唐广辉　梁生武

吕宾林　赵　钰　王　芳　薛宏斌　范海江

梁朝辉　刘为民

序

和若铁路是国家《中长期铁路网规划》中西部地区重要区域路网干线，全长约825公里，最高设计时速120公里，2018年12月20日开工，2022年6月16日建成通车。线路沿着世界第二大流动性沙漠——塔克拉玛干沙漠南缘前行，它的建成对于完善进出疆便捷通道，扩大路网纵深覆盖，补齐南疆铁路环线短板，填补西部路网“留白”，促进区域国土资源开发等具有重要意义；它的建成对于提升我国西部铁路绿色科技创新和绿色修建技术，把绿色发展理念贯彻落实到项目建设的全过程具有重要的引领示范作用。

和若铁路约534公里的线路分布在沙漠区域，占总长的65%，是一条典型的沙漠铁路。铁路沿线自然环境恶劣，主要风季长达7个月，复杂的气候条件和严重的风沙危害是影响和若铁路成功建设和安全运营的关键因素。面对困难，广大建设者们不等不靠、迎难而上，以建设“精品、绿色、智能、人文和若”为目标，大胆探索创新，做深做细各项工作，实现了建设和运营相统一，提高了项目全生命周期综合效益。

项目实施过程中，采取治沙先行的策略，建设期沿铁路线建成约300公里长的绿色生态屏障，成功消除了沙子上道带来的安全隐患，进一步促进了区域内生态微循环的改善。因风沙防治效果明显，和若铁路风沙防治工程被评为全国2023年度生态环境保护示范工程。开展普速铁路桥墩及涵洞预制装配式建造技术研究，实现构件的工厂化预制、装配式施工，提高工程质量和施作效率，有效消除沙漠中浇筑及养护混凝土带来的不利因素，契合绿色发展理念；承担新型列控系统工程应用的先行先试，验证了新系统移动闭塞、虚拟自动闭塞等功能，验证了新系统的可靠性和安全性，创造了3列车在普速干线铁路进行移动闭塞追踪运行的先例，为进一步保持我国列控技术的引领地位奠定坚实基础。积极探索适合本线“工、电、供”基础设施维修管理的新模式，体现以人为本及建设为运输服务等理念，对站区生产生活设施进行整合和统一规划，建设环境优美、景观和谐的绿色站区，改善沿线铁路职工工作生产生活条件，提高水、电等资源利用率。

和若铁路建设贯彻“建维一体”理念，大胆探索智能、绿色建造技术，形成了一些示范性、标志性和可复制的成果。为了做好传承创新工作，相关单位齐聚力量编写了《和若铁路建设技术创新与实践》，内容集新技术、新装备、新工艺和坚实的工程背景于一体，是一部很有价值的工程技术专著，也是和若铁路全体建设者的智慧结晶。此专著总结的经验值得类似工程建设者学习借鉴，将有力推动我国铁路特别是西部地区铁路建造技术水平的提升。

卢春房

2024年7月9日

前　言

和若铁路位于新疆南部和田地区和巴音郭楞蒙古自治州境内，线路全长825公里，设计标准为国铁Ⅰ级，最高设计时速为120公里。线路经和田市、洛浦县、策勒县、于田县、民丰县、且末县、若羌县7个市(县)，终点接入库格铁路的若羌站。它的建成，与喀和线、库格线共同构成南疆第二运输通道，并与南疆铁路形成喀什—和田—若羌—库尔勒环形铁路线，对于补齐南疆铁路环线短板，增加铁路网的覆盖面，完善进出疆便捷通道，填补西部路网“留白”，促进区域国土资源开发等具有重要意义。

和若铁路沿塔克拉玛干沙漠南缘由东向西前行，约534公里分布在风沙区域，沿线自然环境恶劣，主要风季长达7个月(3～9月)，加之塔里木盆地气候干燥、风速大、频率高，沙源丰富，地形开阔，风沙活动频繁且危害巨大，风沙危害的防治是和若铁路在建设和后期运营中需要解决的关键性问题。

为了高品质建成和若铁路，广大建设者坚持绿色科技创新和绿色修建技术，把绿色发展理念贯彻落实到项目建设的全过程，深化重大技术方案研究和落地，加大“四小四新”攻关力度，形成一系列标志性的、可复制的创新成果。

项目建设初期实施“沙漠修铁路，治沙要先行”的策略，因地制宜，采取植物防沙与工程防沙相结合的治沙措施，技术经济等指标更加合理。建设期间在铁路两侧由外向内依次设置芦苇沙障约1 541公里，芦苇方格约5 000万平方米，挖设灌溉水井131口，种植梭梭、红柳、沙拐枣、沙枣、胡杨等植物约1 300万株，造林面积达11.4万亩，防护宽度

110 米至 400 余米不等，形成梯次型防沙植被条带，做到层层拦截风沙。在铁路沿线建成约 300 公里长的绿色生态屏障，有效消除沙子上道带来的质量安全及后期的行车安全隐患，进一步促进区域生态微循环的改善，和若铁路风沙防治工程也因此被评为全国 2023 年度生态环境保护示范工程。

贯彻绿色建造技术要求，开展普速铁路桥墩及涵洞预制装配式建造技术研究，完成方案分析讨论、产品实尺试验以及制定产品质量验收细则等，实现桥墩及涵洞构件的工厂化预制、装配式施工，改变了以往现场浇筑桥墩的做法，解决了沙漠地区混凝土现浇及养护的难题，确保工程质量，提高施工效率。项目研究制定的标准，填补了铁路预制装配桥墩验收标准的空白，同时，提出了预制装配式桥墩抗震性能设计方法，获得发明专利 1 项和实用新型专利 18 项，为后续开展有关工作提供学习借鉴。

为进一步保持我国铁路列控技术引领地位，和若铁路承担新型列控系统工程应用的先行先试，各参加单位科学严谨地组织信号新装备上道前的论证、试验、完善、评估等工作，做好新装备上道与工程建设施组之间的协调，加强建设、新装备研发、运营等单位之间的信息沟通和联动，高质量推进现场测试、验收、完善、使用考核等工作。和若铁路成功实现对采用融合北斗多源综合定位等系列新技术的新型列控系统的工程验证，进一步促进新型列控技术及产品的成熟和稳定，新系统开创了 3 列车在普速干线铁路进行移动闭塞追踪运行的先例，应用前景广阔，新型列控系统具备自动站间闭塞、移动闭塞/(虚拟)自动闭塞共线并存的特点，有利于优化运输组织，提高运输效率，新系统还具有轨旁设备简约化、车站区间一体化、设备维护智能化等优势，满足复杂环境下的安全、高效与少维护方面的需要。

贯彻“建维一体”理念，体现以人为本，建设精品、绿色、智能、人文站房。客运站房装修装饰元素充分融合和若铁路沿线灿烂历史文化和中国铁路发展宣传主题，突出“一站一景”特征。探索适合和若铁路“工、电、供”基础设施维修管理新实践，以站房为中心，对站房和站区生产生活设施的集约化规划和整合，提高站区单身宿舍、职工食堂、职工文体活动室等的设计标准，建设环境优美、景观和谐的绿色站区，改善沿线铁路职工工作生活条件，提高水、电等资源利用率。

坚持追求细节完美，丰富精品和若内涵。建设过程中，按照实用、管用的原则对一些细节处理不懈追求，细化、优化设计，加强过程控制，主要内容有防护栅栏、桥台锥体、骨架护坡、路肩盖板、桥头电缆下路基，以及结合风沙防治需要，将路基检修用阴梯改阳梯等，形成了一系列方便运营检修的新工艺工法、保障运营安全的先进技防装备，为运营安全提供支撑。

《和若铁路建设技术创新与实践》是将工程建设期间的一些创新成果和经验进行总结和提炼，是建设者心血的结晶。希望本书能为类似工程的建设管理提供有益借鉴，也为开展相关技术的研究、标准制定提供基础资料。

本书著者对书中相关内容进行了认真编制、校核和修正。由于作者水平有限，书中难免有疏漏和不足之处，敬请读者批评斧正。

作　者

2024 年 7 月

目　录

第一章　工程概况

和田至若羌铁路(以下简称和若铁路)是国家《中长期铁路网规划》中确定的规划项目,是西部地区重要的区域路网干线,东起格库铁路若羌站,向西沿昆仑山北麓和塔克拉玛干沙漠南缘经若羌、且末、民丰、于田、策勒、洛浦、和田7个市(县)及新疆生产建设兵团第二师三十七团、三十八团和第十四师二二五团,终至喀和铁路和田站,线路全长825 km,是南疆通往内地又一便捷通道的重要组成部分。

运营初期全线新设车站20处,分别为义阳、瓦石峡、塔什萨依、五苇场、阿克吐孜、且末、金山、萨勒瓦墩、喀拉米兰、南屯、托帕克、兰城、民丰、玫瑰园、于田、玉泉镇、策勒、洛浦东、洛浦、和田东,其中瓦石峡、且末、金山、南屯、民丰、于田、玉泉镇、策勒、洛浦、和田东为中间站(共10个),其余均为会让站(10个);改建车站两处(两端接轨站)。

项目于2018年12月20日开工建设,2022年6月16日开通运营。和若铁路地理位置图如图1-1所示。

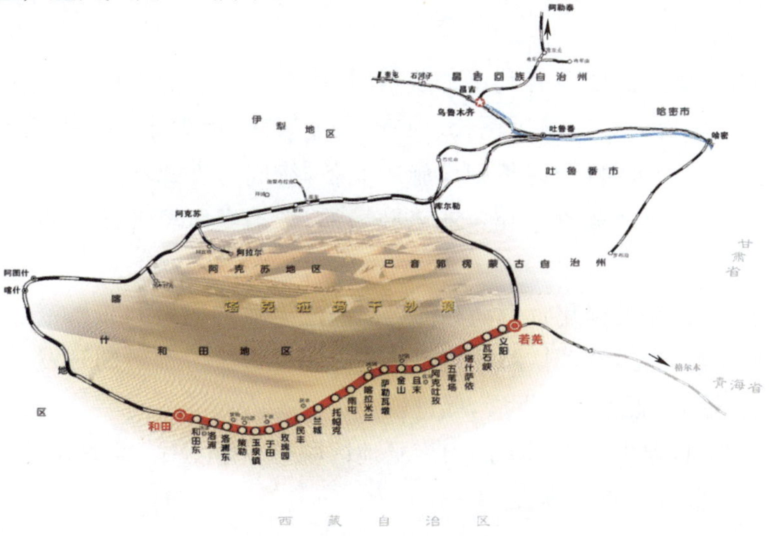

图1-1　和田至若羌铁路位置示意图

第一节 项目建设目的和意义

建设和若铁路是落实党中央、国务院决策部署，推动新疆社会稳定和长治久安，实现自治区更好更快发展的需要；是推动“丝绸之路经济带”战略通道建设，促进我国向西开放战略实施的需要；是建设边疆、巩固国防、增强民族团结、促进民族文化交流和构建和谐社会的需要；是完善区域综合交通基础设施，完善南疆路网格局，构建南疆第二铁路通道，增强区域路网机动灵活性的需要。

和若铁路的建设，对转变区域交通运输发展方式、调整运输结构，保护沿线生态环境、增强沿线交通保障能力，深化供给侧结构性改革，促进产业转移，优化生产力空间布局具有积极意义。

(1)和若铁路西端经喀和铁路深入南疆腹地，东端经格库铁路衔接青藏铁路等辐射我国内地，形成了南疆环线，提高了路网灵活性。建成后南疆地区与我国内陆运输距离较既有铁路通道缩短 1 000 余公里，也是内地通往中西亚和南亚国际通道的重要组成部分，对完善路网结构具有重要意义。

(2)和若铁路的修建改善了沿线所经县市、团场居民出行条件，结束了且末、民丰、于田、策勒、洛浦，三十七团、三十八团、二二五团等不通火车的历史，缩短了进出疆的时间。

(3)和若铁路的修建有利于加快沿线县市、团场经济发展，促进沿线矿产资源开发。既有公路运输运距长、成本高、耗时多、运力小。而铁路具有低成本、长距离、安全准时，交通基础设施的完备，将成为资源和资本、技术合作的纽带，将有力促进产业资本和企业入驻当地，带动当地经济社会的发展，造福于民，造福当地。

(4)和若铁路的修建将带动和促进沿线旅游业的发展和旅游资源的开发。沿线旅游资源丰富，和若铁路的修建将进一步促进旅游资源的开发，带动当地旅游业、运输业、服务业的发展，促进就业。

(5)在项目建设期间积极助力南疆地区脱贫攻坚工作、维护和巩固了该地区脱贫攻坚取得的胜利成果。

第二节　沿线自然与文化概况

一、地形地貌

和若铁路线路 825 km，所经地区自然地理条件独特，沿线沙漠和戈壁相间分布，风沙环境特征迥异。全线风沙段落分布长度达 534 km，占线路长度 65%，其中流动沙丘、沙地段落共 114 km，半固定沙丘、沙地段落共 154 km，戈壁风沙流段落共 140 km，固定沙丘、沙地段落共 126 km。

沿线经过的一级地貌单元为塔里木盆地，经过的次一级地貌单元为塔里木盆地南缘冲积平原区、塔里木盆地南缘山前冲洪积倾斜平原区、塔里木盆地南缘冲洪积倾斜平原区。

塔里木盆地南缘冲积平原区地形平坦、开阔，线路走行在冲积平原的前缘上，沿线主要发育有绿洲地貌、风沙地貌、戈壁地貌及风蚀地貌等。

塔里木盆地南缘山前冲洪积倾斜平原区地形较平坦、开阔，线路走行在冲洪积倾斜平原的前缘上，沿线主要发育有戈壁地貌、风沙地貌等。

塔里木盆地南缘冲洪积倾斜平原区地形平坦、开阔，线路走行在冲洪积倾斜平原的中部，沿线主要发育有绿洲、湿地地貌、风沙地貌等。

铁路沿线地貌如图 1-2 所示。

二、气象特征

沿线属典型的大陆型干旱性气候区，分属暖温带干旱南疆区气候大区。气候异常干旱、多风少雨，昼夜温差大。尤其在戈壁沙漠中，风的频率高，风力强，一经起风，便飞沙漫天，遮天蔽日，能见度极低。

主要气象参数：年平均气温 11.4（且末）～13.8 ℃（洛浦），极端最高气温 40.8（于田）～43.8 ℃（若羌），极端最低气温 −20.1（和田）～−28.3 ℃（民丰）。

年平均降水量 27.6（且末）～55.4 mm（民丰），年平均蒸发量 1 837.6（若羌）～3 647.8 mm（民丰）。

每年 3～9 月为风季，主导风向民丰以东以东风为主、民丰以西以西风为主，年平均风速 1.1（洛浦）～2.6 m/s（三十八团），最大定时风速 9.3（于田）～20.5 m/s（若羌），最大瞬时风速 18.5（策勒）～26.6 m/s（若羌），年平均八级以上大风日数 1（于田）～3.7 d（民丰），最大冻结深度 70～100 cm。

(a) 戈壁地貌

(b) 风蚀地貌

(c) 风沙地貌1

(d) 风沙地貌2

(e) 流动沙丘地貌1

(f) 流动沙丘地貌2

(g) 流动沙丘地貌3

(h) 流动沙丘地貌4

图 1-2 沿线地貌

三、工程地质特征

1. 区域地质构造

本区经过一级构造单元塔里木地台的二级构造单元塔里木坳陷。由于盆地内第四系沉积厚度巨大，地表构造痕迹不明显，多表现为隐伏断裂。

2. 沿线断裂构造

线路附近主要发育有捷山子断裂和矛头山断裂两条隐伏深断裂，其走向为北东东，延伸上千公里，在于田至若羌段大致与线路平行，其中矛头山隐伏断裂与线路多次相交，地表被巨厚的第四系覆盖，构造对线路无影响。

3. 不良地质及特殊岩土

(1)不良地质

沿线发育的不良地质主要有风沙、风蚀、地震液化。

(2)特殊岩土

沿线分布的特殊岩土主要为填土、盐渍土、软弱地基土。

4. 水文地质特征

(1)地表水特征

线路通过地表水均为东昆仑山—阿尔金山水系，主要有若羌河、瓦石峡河、塔什萨依河、车尔臣河、尼雅河、其其汗河、叶亦克河、亚通古孜河、安迪尔河、莫勒切河、卡拉米兰河、克里雅河、皮什盖河、土米亚河、策勒河、努尔河、玉龙喀什河等河流。水量具有明显的季节性。

(2)地下水特征

沿线所经地貌为阿尔金山、东昆仑山山前倾斜平原，若羌河、车尔臣河、尼雅河等河流冲、洪积平原及沙漠区，第四系厚度大于200 m，地下水主要为第四系孔隙潜水及孔隙潜水—微承压水，其水位等受地形、地貌及地质构造的影响，变化明显。

5. 地震动参数

根据《中国地震动参数区划图》(GB 18306—2015)附录A中图A.1和附录B中图B.1的划分，结合本区工程地质和水文地质条件及工程设置情况，全线地震动峰值加速度分区见表1-1，地震动反应谱特征周期分区见表1-2。

表 1-1　沿线地震动峰值加速度分区

序号	沿线分区起终点里程		长度/km	地震动峰值加速度	地震基本烈度
	起始里程	终止里程			
1	DK000+000	DK126+000	126	0.10g	Ⅶ
2	DK126+000	DK244+000	118	0.05g	Ⅵ
3	DK244+000	DK269+000	25	0.10g	Ⅶ
4	DK269+000	DK486+000	217	0.05g	Ⅵ
5	DK486+000	DK663+500	177.5	0.10g	Ⅶ
6	DK663+500	DK824+707.17	161.2	0.15g	Ⅶ

表 1-2　沿线地震动反应谱特征周期分区

序号	沿线分区起终点里程		长度/km	地震动反应谱特征周期/s
	起始里程	终止里程		
1	DK000+000	DK051+000	51	0.40
2	DK051+000	DK147+000	96	0.45
3	DK147+000	DK227+000	80	0.40
4	DK227+000	DK292+000	65	0.45
5	DK292+000	DK339+000	47	0.40
6	DK339+000	DK555+000	216	0.45
7	DK555+000	DK824+707.17	269.7	0.40

6. 沿线文化概况

和若铁路沿着古丝绸之路的南路建设，沿线有着悠久、独特的丝路文化。

洛浦县是国务院授予的国家级非物质文化遗产手工地毯和艾德莱斯丝绸发源地，也是农业部命名的中国大枣之乡。

策勒县以“金玉之邦、粮棉之仓、丝绸之路、瓜果之乡”著称。

于田县位于新疆和田地区昆仑山北麓，塔克拉玛干沙漠南缘，是古丝绸之路南道的重镇，具有悠久的历史；于田以汉代古国于阗命名，简称于田，是古代西域佛教王国，中国唐代安西都护府安西四镇之一。

民丰县，古代为精绝、戎卢国地域，其县域内有尼雅遗址、安迪尔古城遗址、亚通古孜村、原始胡杨林、尼雅湖、塔克拉玛干沙漠公路、胡杨湖景区。

且末县位于塔克拉玛干沙漠腹地，且末人“众志成城战沙海，誓将荒漠变绿洲”，经数十年的努力，在车尔臣河东岸的沙漠上建起了一条长 12 km、宽 6 km 的绿色长城，极大改善人居环境。

瓦石峡镇，沙漠边缘的小镇，是古丝绸之路楼兰城附近的商贸重镇，位于全国最大县若羌县最西部，西与且末县接壤，南依阿尔金山北坡，北与尉犁县交界。

生产建设兵团，线路途经三个新疆生产建设兵团所在城镇，分别是兵团十四师二二五团所在的玉泉镇、兵团第二师三十八团所在的南屯以及三十七团所在的金山镇，是特色农业、现代服务业为主导的宜居乐业小城镇，是旅游服务、物流商贸配套的综合服务基地，创建兵地融合、区域协调发展的创新团场。

第三节 铁路主要技术标准与工程规模

一、铁路主要技术标准

(1)铁路等级：Ⅰ级。
(2)正线数目：单线。
(3)限制坡度：6‰。
(4)旅客列车设计行车速度：120 km/h，线路平面预留发展条件。
(5)最小曲线半径：1 600 m。
(6)到发线有效长度：850 m。
(7)牵引种类：内燃，预留电化条件。
(8)机车类型：HXN 系列。
(9)牵引质量：4 000 t。
(10)闭塞方式：自动站间闭塞。

二、工程规模及主要工程数量

线路全长 825 km。路基长 732 km，占线路总长的 88.6%。路基土石方 6 508 万 m^3，永久用地 46 157 亩；桥梁总长 95 898 m，其中特大桥 78 805 m(19 座)，大桥 7 587 m(30 座)，中桥 7 619 m(105 座)；房屋 140 747 m^2(旅客站房综合楼 54 188 m^2，其他房屋 86 559 m^2)；正线铺轨 820.997 铺轨公里，站线铺轨 71.34 铺轨公里、铺设道岔 196 组。

通信敷设光电缆约 1 600 km，GSM-R 移动通信系统塔基 120 处；电力新建高压架空线路 767 km，高压干线电缆线路 96 km；安装信号计算机联锁、调度集中、计算机监测各 20 站(不含和田站)；安装旅客服务信息系统 9 套。

第四节　技术创新赋能绿色精品和若工程建设

一、建设面临的主要技术问题

1. 严重的风沙危害

和若铁路沿着世界第二大流动沙漠塔克拉玛干沙漠南缘由东向西走行，约 534 km 长的线路通过沙漠区域，该区域风季长达 7 个月，加之塔里木盆地气候干燥、风速大、频率高，地形开阔，沙源极其丰富，风沙危害是和若铁路的主要特征。

风沙危害防治是关系和若铁路成功建设和安全运营的关键。在风沙地段，沙粒随大风流动，遇到阻碍物，容易产生流沙堆积；而铁路路基的修建实际上就起了遮挡物的作用，不但不能消除或减轻风沙的危害，反过来会成为一道挡沙墙，阻挡风沙的移动和通过，造成流沙堆积。因此，附近区域不断恶化的风沙形态分布，很容易导致沙子进入轨道，其后果十分严重；轻则加速铁路相关设施设备的损坏；重则积沙掩埋轨道，危及行车安全。

2. 极端的气候条件

和若铁路沿线属典型的大陆性干旱气候区，分属南温带干旱南疆地区气候大区。气候异常干旱、多风少雨，昼夜温差大，沙漠中夏季最高温度达 40 多摄氏度，冬季低至零下 20 ℃。

3. 严格的生态环境保护要求

线路经过克里雅河国家湿地公园、新疆尼雅国家湿地公园、达玛沟二级水源地等保护区域，环保、水保要求高。

二、技术创新赋能绿色精品工程建设

面对困难，和若铁路的广大建设者不等不靠，主动出击，迎难而上，以建设“精品、绿色、智能、人文和若”和“创建普速铁路精品示范线”为工作要求，贯彻“建维一体”理念，大胆探索智能、绿色建造技术，形成一些示范性、标志性和可复制的成果。

在塔克拉玛干沙漠里沿铁路线建成约 300 km 长的绿色屏障，实现建设期沙子不上道，又改善区域生态的微循环。组织新型列控系统现场研究和实车试验，进一步奠定我国列控技术的引领地位。路内首次开展普速铁路桥墩及涵洞预制装配式技术研究和施作，还是贯彻绿色发展理念的一个重要标志。

站房建设充分融合地方文化元素,"一站一景"特征明显。同时,研究"工、电、供"基础设施维修管理新模式,采用以站房为中心,对站区生产生活设施及相近区间的维修设施进行统一规划和整合,改善沿线职工工作生活条件,体现以人为本和建设为运营服务的理念,提高水、电等资源利用率。实施过程中,因地制宜,在一些细节方面进行不懈追求,如:桥台锥体、骨架护坡、防护栅栏,以及结合风沙防治本身采用的阴梯改阳梯、路肩盖板、桥头电缆下路基等,形成系列方便运营检修的新工艺工法、保障运营安全的先进技防装备,为运营安全提供支撑。

1. 风沙防治

提出"沙漠修铁路,治沙要先行"理念,因地制宜,采取植物防沙和工程防沙相结合的治沙模式,和风沙防治工程与铁路建设同步施作的先例,建设期就建成一道绿色的生态屏障,实现建设期沙害不上道的目标。

和若铁路建成约 300 km 长的绿色长廊,沿线共铺设了近 5 000 万 m^2 的草方格,种植了近 1 300 万株梭梭树、红柳、沙棘等绿植,应用了智能化农业灌溉系统,共计打井 131 口,覆盖面积达 11.35 万亩。和若铁路在铁路建设史上开创了大面积成功建设植物防沙工程的先例,实现沙害不上道的目标,消除沙害对工程质量和运输安全带来的隐患,防沙措施节约高效,植物防沙工程使线路经过区域的微生态环境得到有力改善,契合绿色发展理念。和若铁路植物防沙和工程防沙现场典型实景如图 1-3 所示。

2. 新型列控系统试验

和若铁路承担新型列控系统应用的先行先试任务,实车验证融合北斗定位等新技术、新装备的可靠性、安全性;期间,各相关单位科学严谨地组织信号新装备上线使用前的论证、试验、反馈、评估、规范标准的制定等工作,做好试验与工程施组之间的协调、各类接口条件的匹配,积极统筹建设、研发、运营等单位之间的有效沟通。新装备与和若铁路同步开通,按程序开始试用考核。

和若铁路新型列控系统试验进一步奠定我国铁路列控技术引领地位。试验成功将北斗定位等新技术应用在列车运行控制系统领域,国内开创普速干线铁路 3 列车进行移动闭塞追踪运行的先例,新装备各项技术指标符合设计要求,具备轨旁设备简约化、车站区间一体化、设备维护智能化等特点,满足复杂环境下的安全、可靠、高效与少维护使用需求。图 1-4 为 3 列车在和若铁路实现移动闭塞追踪运行的实景。

(a) 植物防沙1

(b) 植物防沙2

(c) 工程防沙（阻沙）

图 1-3 和若铁路防沙工程典型实景

图 1-4 和若铁路 3 列车移动闭塞追踪运行实景

3. 普速铁路桥墩预制装配式技术

路内首次开展普速铁路桥墩预制装配式技术研究，采用搭积木方式组装桥墩，破解沙漠铁路建设中的风沙影响、自然环境恶劣、用水难及混凝土养护难等建设难题，简化工序，提高工效和质量。图 1-5 为和若铁路桥梁墩柱预制、安装现场典型实景。

(a) 预制过程

(b) 现场吊装

(c) 工程实景

图 1-5　和若铁路桥梁墩柱预制、安装及成品

和若铁路桥墩预制装配式技术研究应用，是贯彻绿色发展理念的一个重要标志，丰富了桥梁预制装配式体系。

4. 一站一景融合生产力布局建设

为了管理好维护好和若铁路，结合和若铁路地处沙漠区域，在体现建设为运营服务的同时，兼顾以人为本，建设美好站区，改善铁路沿线职工的生产生活条件，提前研究"工、电、供"各专业集中化、机械化维修模式，合理配置资源，将维修车间（工区）与车站同地设置，与站区设施统一规划和建设，一方面增强铁路沿线职工生产生活的舒适感，同时也有利于站区水、电、暖等资源的节约利用。

和若铁路在站房“一站一景”设计中融合站区集约化整合、优化人员配置、提高生产效率等方面的成功经验值得学习借鉴。中间站生产生活房屋设施整合前、后布置示意如图 1-6 所示。

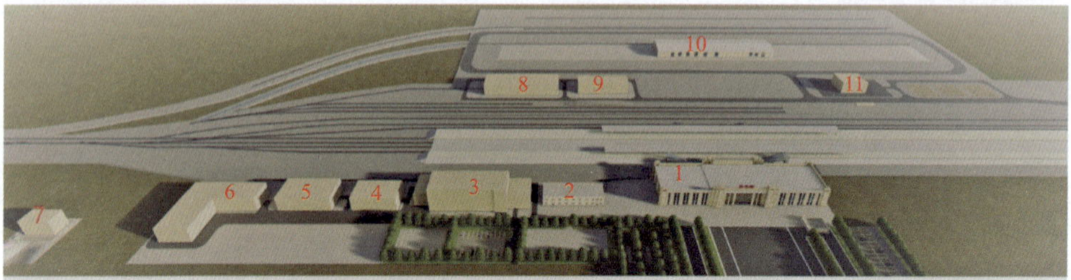

整合前站区示意：1 旅客站房；2 派出所；3 站区综合楼； 4 车库及设备房屋；5 变配电用房；6 军供站；7 污水处理站；8 轨道车库；9 材料库；10 货运仓库；11 货运综合用房

(a) 整合前站区房屋设施布置示意

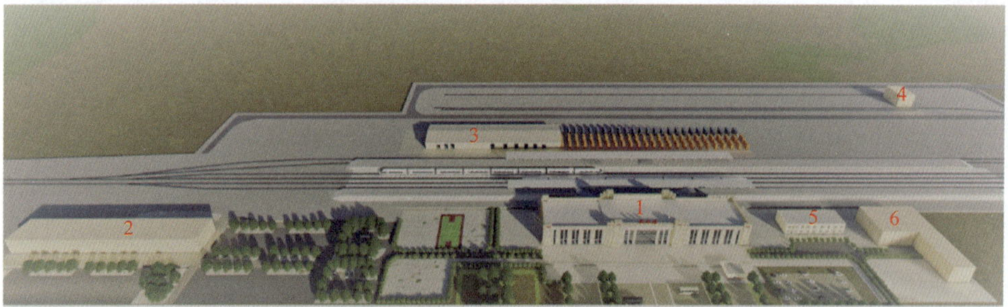

整合后站区示意：1 站房综合楼；2 生产设备综合用房；3 货运仓库；4 货运综合用房；5 派出所；6 军供站

(b) 整合后站区房屋设施布置示意

图 1-6　中间站生产生活房屋设施整合前、后布置示意

5. 注重细节，不懈追求

(1)检查梯踏步细部

结合和若铁路沿线风沙大，将上下边坡踏步改为外凸式，减轻清理踏面积沙的工作量，踏面增加菱形纹，以增强防滑性，上下边坡检查踏步如图 1-7 所示。

(2)桥梁电缆槽盖板

结合和若铁路沿线强沙尘暴频发，风力大的环境特点，将原铁路通用参考图中的桥梁电缆槽用 RPC 盖板(厚度 25 mm)，改为自重大的混凝土盖板(厚度 70 mm)，如图 1-8(a)所示，避免盖板被风吹起上道，消除行车安全隐患。

图 1-7　上下边坡检查踏步

(a) 电缆槽混凝土盖板　　(b) 台尾人行道过渡段

图 1-8　桥上电缆槽

台尾人行道过渡段，借鉴新疆境内其他铁路项目经验，加强路肩与桥梁台尾之间的连接及台尾光电缆安全，又方便维护，过渡段采用混凝土圬工方式连接，桥梁台尾人行道与路肩连接采用钢筋混凝土 U 槽与钢筋混凝土盖板组合的斜坡过渡段方式，桥上电缆 U 形槽道及人行道板延伸至路基内，如图 1-8(b)所示。

(3)路基边坡光缆槽槽道

站前专业在骨架护坡施工时同步完成路基边坡、路肩上光缆槽，采取槽内敷设光电缆的方式既能做到路基骨架护坡的成品保护，又便于光电缆敷设的质量和安全，及后续的维护。路基边坡、路肩上光缆槽实景如图 1-9 所示。

(4)防护栅栏施作细节追求

和若铁路区间路基采用 1.8 m 高钢筋混凝土立柱＋金属网片防护栅栏全封闭，防护栅栏施作如图 1-10 所示。

(5)锥体护坡施作细节追求

严格控制锥体护坡施作质量，锥体护坡施作如图 1-11 所示。

图 1-9　站前施工单位预留的路基边坡、路肩上光缆槽

图 1-10　防护栅栏施作实景

图 1-11　锥体护坡施作实景

(6)骨架护坡伸缩缝设置

为避免骨架护坡出现裂缝，经过试做将骨架护坡伸缩缝设置间隔由 15.02 m 调整为 7.2 m，优化后既节省了防护圬工数量，又能避免出现较多的裂缝。骨架护坡伸缩缝设置如图 1-12 所示。

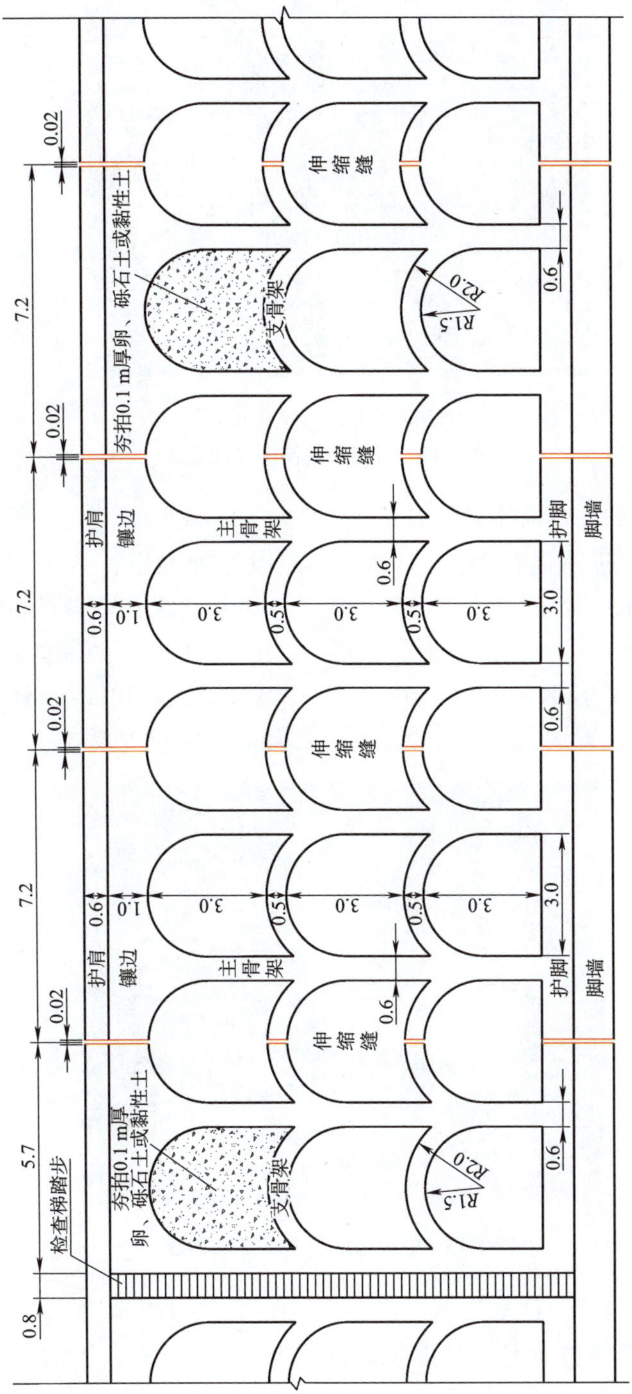

(a) 优化后的骨架护坡伸缩缝设置设计（单位：m）

(b)骨架护坡伸缩缝设置工程实景

图 1-12　骨架护坡伸缩缝设置

(7)统一中间站站区道路设计

为提升站区道路通行条件，对站区道路设计标准进行统一，如图 1-13 所示。道路宽度统一为 7 m，道路两侧设置人行道和路缘石，人行道宽 1.5 m，采用 25 cm×25 cm×8 cm 花砖铺面，下铺 10 cm 厚中粗砂垫层和 15 cm 厚天然砂砾，而路缘石采用 50 cm×8 cm×35 cm 天然花岗岩，顶面与路面相平，流线合理分隔，利于设置消防、生产、停车、人员集散、无障碍等设施。

图 1-13　中间站站区道路建设实景

(8)路基智能填筑技术

路基智能填筑技术是一项新型的路基施工技术，综合土动力学、BIM、卫星定位、自动化控制、图像识别、物联网等理论和技术，研发智能填筑指挥、机械智能引导控制、质量连续检测等系统，创新路基摊铺、平整、碾压、边坡整形等施工过程自动引导和控制技术，实现路基填筑的信息全面感知、过程质量控制与管理科学决策，高效利用铁路路基施工人机料资源，实现施工质量全过程控制，减轻现场人员工作强度，提质增效，提高路基工程建设水平。

和若铁路且末站路基采用智能填筑技术，施工流程如图 1-14 所示。

图 1-14　路基智能填筑作业流程

路基智能填筑系统各组成部分的主要功能：

①基于 BIM+GIS 的指挥系统

运用数字化施工技术及 BIM+GIS 技术，建立铁路路基智能填筑指挥系统，包括形象进度、施组计划、工程调度、数字化施工、质量管理等主要功能模块。形象进度模块实现对工程进度的三维展示；施组计划模块实现对施工任务的安排，并将任务下发给现场作业人员及智能机械；工程调度模块可以实时查看机械位置，下发调度指令；数字化施工模块实时查看机械施工数据；质量管理模块展示质量检测数据。实现路基智能机械施工、质量连续检测与信息集中管理。

②填料作业管理

通过运料车管理手机 App,分析填料制备、运输过程中运料车的位置信息,根据行驶数据分析车辆工作效率;所有的车辆实时显示位置,包括分布情况及各个车的运行情况及有无报警等,实现填料生产运输过程中,运输轨迹的科学决策与动态平衡管理。

③自动引导推土机

在推土机铲刀上安装定位接收机和角度传感器,实时监控并反馈铲刀的高程和角度信息,自动获取当前位置的超欠挖量,引导进行精细化作业。实现了推平的精准高效。智能引导摊铺精度±5 cm。

④自动控制平地机

在平地机铲刀上安装定位接收机和角度传感器,获取方向、高程、铲刀高程等信息,自动获取当前位置的超欠挖量,实时自动调整当前刮刀的角度和高程,精平精度±3 cm,大幅提升施工效率与准确性。

⑤无人驾驶压路机

通过控制动力、制动、转向等装置,实现基于路径规划和北斗定位的无人碾压;通过压路机振动响应测试,连续检测压实质量,实现了路基单点压实检测向连续压实检测的重大进步;采用电子围栏、主动避障、协同调度、远程急停等多种安全设计,为施工安全保驾护航;无人驾驶压路机可长时间连续作业,减少人工放样和现场检测工序。

⑥自动引导挖掘机

在挖掘机上安装北斗定位系统,由系统屏幕实时显示挖斗姿态和边坡坡率,引导挖掘机修整边坡,实现了边坡平整度厘米级控制,智能控制边坡坡率施工。

路基智能填筑技术具有以下特点:

①提高了填筑效率。通过智能填筑指挥系统实现摊铺平整、分层碾压、边坡整形、质量检测等任务的分配与调度,高效衔接各工序,通过质量连续检测有效避免了路基过压、欠压,提高了填筑效率,工效整体提高 15%以上。

②提高了作业精度。采用自动引导推土机(摊铺精度±50 mm)、自动控制平地机(平整精度±30 mm)、无人驾驶压路机和自动引导挖掘机等智能施工机械,进行三维空间精确作业,提高作业精度和效率,实现路基填筑厘米级精准控制。

③提高了检测效率。通过压实振动连续检测和粒径连续检测，全面保障路基压实质量，与传统检测方法相比减少 1/2～2/3 常规检测数量，缩短检测用时 50%以上。

④路基施工质量可追溯。数字化记录路基填筑施工与质量检测全过程，实现路基填筑关键质量数据可追溯。

⑤减少了人工作业数量。通过智能机械施工和压实质量连续检测，大幅减少了现场技术人员的指挥、驾驶、测量等工作量。

第二章　综合防沙体系

第一节　概　　述

沙漠修铁路、治沙要先行，和若铁路大范围穿越塔克拉玛干沙漠，全线风沙分布长度达 534 km，占线路长度的 65%，沙害治理成功与否直接影响铁路的正常运营。

治沙要成功，勘察必先行。和若铁路的勘察设计克服重重困难，通过前期详细的风沙监测和地质勘察，掌握了铁路沿线风沙形成机理、沙害类型及危害程度，查明了沿线水文地质条件、主要植物种群的生长环境和分布情况，为因地制宜、科学治沙打下了坚实基础。

在风沙特别严重的地段，贯彻输沙理念，修建桥梁让风沙从桥下穿过，防止积沙掩埋线路；共设过沙桥梁 5 座总长 49.738 km，大段落设置过沙桥梁在我国沙害治理中尚属首次，也创造了世界治沙工程之最。

风沙路基地段主要采用阻沙和固沙相结合的原则进行防护，地下水丰富地段，优选采用植物防沙、工程防沙与植物防沙相结合的方式防治沙害。在滴灌技术的配合下，大面积栽植耐干旱、耐盐碱的梭梭、沙枣、柽柳、胡杨等沙生植物，在沙漠中构建了防风固沙的绿色长廊，全线种植梭梭、红柳、沙拐枣等苗木 1 296.1 万株，林带覆盖面积达 11.4 万亩。

在水源匮乏地段，就地取材，采用本地区盛产的芦苇等材料制作高立式沙障、草方格等工程防沙措施，最大程度减少风沙对线路的危害。全线设置 1.5 m 高阻沙沙障 1 541.4 km，0.8 m 高方格储沙沙障 154.5 万 m^2，0.3 m 高方格固沙 5 062 万 m^2。

第二节　勘察设计

自 2012 年 3 月开展前期研究工作以来，设计单位设立风沙观测站，开展沿线风沙分布特点、风沙危害程度、水源分布及水质情况等调查、监测、勘探、化验工作，历时两年，共完成沿线调查 1 660 km²，定点气象数据 18 000 条，浅孔钻探 226 650 m，深孔水源钻探 10 750 m，高密度电法测线长度 48 km，瞬变电磁 2 860 测点，水样化验 631 组，土样化验 30 290 组。最终形成了《新建铁路和田至若羌线风沙专题研究报告》，为铁路选线、风沙措施制定等提供了重要依据。

一、沿线风沙和水文地质条件

1. 风的基本情况

沿线共设 10 处二维超声测风监测系统，经过 2 年的野外监测，沿线风向及风速分布如下：

(1)DK48＋000 位于塔特勒克附近，为戈壁风沙流区段，地形平坦，全年风向较为单一，以东北风为主，最高风速达 24 m/s。图 2-1 为 DK48＋000 右侧 300 m 处风向玫瑰图。

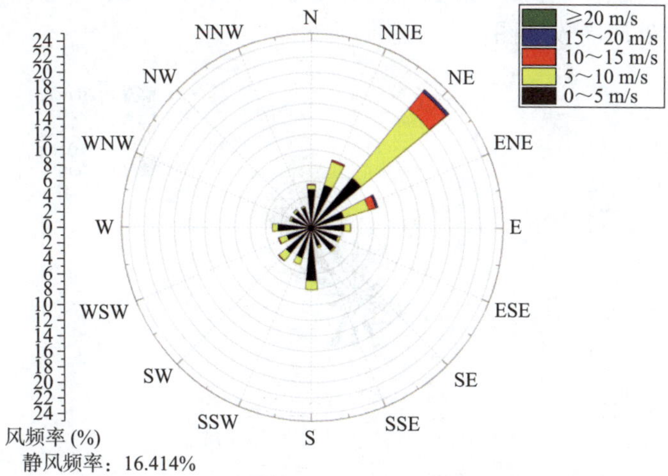

图 2-1　DK48＋000 右侧 300 m 处风向玫瑰图

(2)DK125＋500 位于依木拉克附近，为流动沙丘区段，地形起伏较大，局部沙丘达 20 m 以上，沙丘连绵不断，线路穿越流动沙丘地段，全年风向较为单一，以东北偏东风为主，最高风速达 18 m/s。图 2-2 为 DK125＋500 右侧 350 m 处风向玫瑰图。

(3)DK256＋000 位于且末河东附近，为流动沙丘区段，地形起伏较大，局部沙丘达 20 m 以上，沙丘连绵不断，线路走行于绿洲区边缘，全年风向较为单

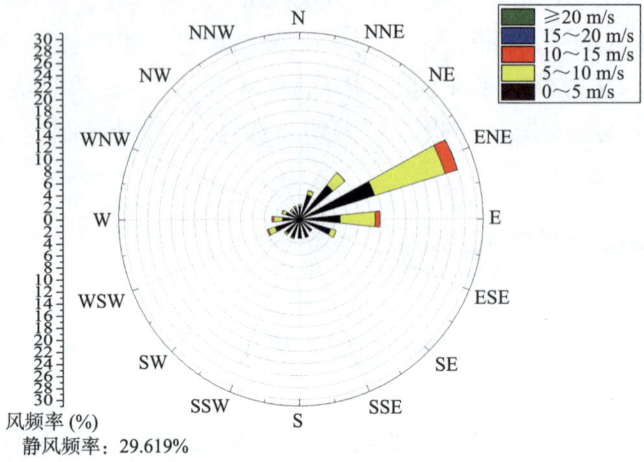

图 2-2 DK125＋500 右侧 350 m 处风向玫瑰图

一，以东北风及东北偏北风为主，最高风速达 18 m/s。图 2-3 为 DK256＋000 左侧 200 m 处风向玫瑰图。

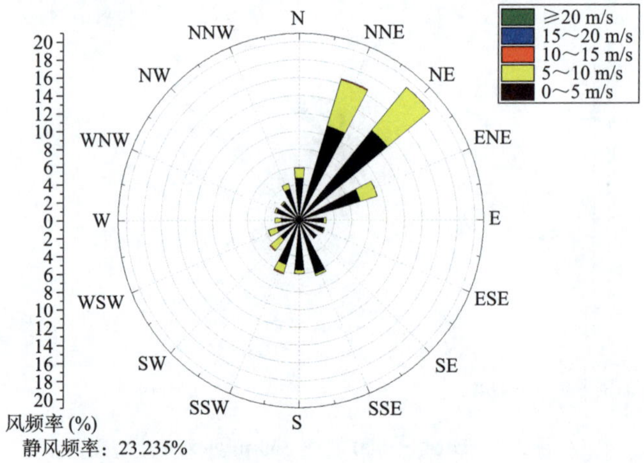

图 2-3 DK256＋000 左侧 200 m 处风向玫瑰图

(4)DK316＋000 位于萨勒瓦墩附近，为流动沙丘区段，地形相对平坦，沙丘相对较为低矮，线路走行于绿洲区边缘，全年风向较为混乱，以东北偏东风及西南风为主，最高风速达 18 m/s。图 2-4 为 DK316＋000 左侧 350 m 处风向玫瑰图。

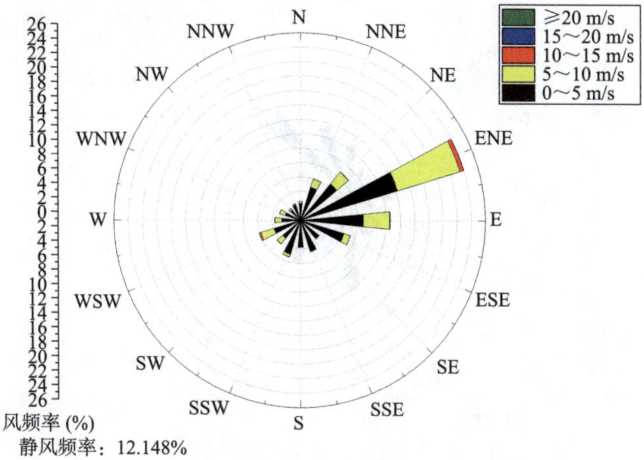

图 2-4　DK316＋000 左侧 350 m 处风向玫瑰图

(5)DK503＋000 位于亚通古孜附近，为流动沙地区段，地形相对平坦，沙丘相对较为低矮，线路穿越流动沙地地段，全年风向较为混乱，以东北风为主，西南风次之，最高风速达 18 m/s。图 2-5 为 DK503＋000 左侧 350 m 处风向玫瑰图。

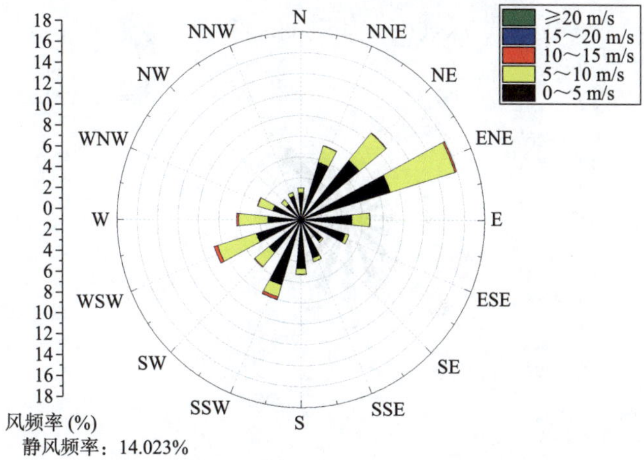

图 2-5　DK503＋000 左侧 350 m 处风向玫瑰图

(6)DK525＋000 位于萨勒吾则克乡附近，为流动沙地区段，地形起伏较大，局部沙丘达 20 m 以上，沙丘连绵不断，线路穿越流动沙地地段，全年风向较为混乱，以东北风为主，西南风、南风及东南风次之，最高风速达 16 m/s。图 2-6 为 DK525＋000 左侧 350 m 处风向玫瑰图。

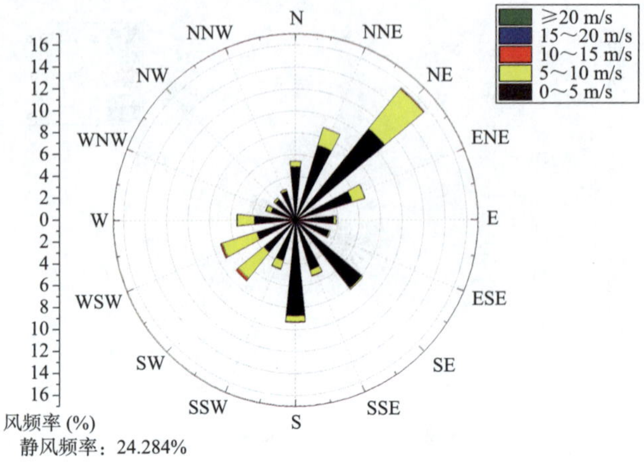

图 2-6 DK525＋000 左侧 350 m 处风向玫瑰图

(7)DK592＋000 位于尼雅河西侧，为流动沙地区段，地形相对平坦，沙丘相对较为低矮，线路穿越流动沙地地段，全年风向较为混乱，以东北风、西南风为主，南风、东南风次之，最高风速达 24 m/s。图 2-7 为 DK592＋000 处风向玫瑰图。

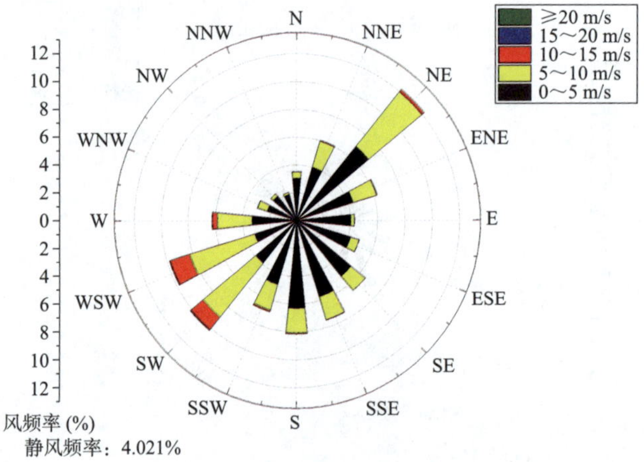

图 2-7 DK592＋000 处风向玫瑰图

(8)DK625＋100 位于玫瑰园附近，为流动沙地区段，地形相对平坦，沙丘相对较为低矮，线路穿越流动沙地地段，全年风向较为混乱，以东北偏东风、南风、西风为主，西南偏西风次之，最高风速达 18 m/s。图 2-8 为 DK625＋100 左侧 300 m 处风向玫瑰图。

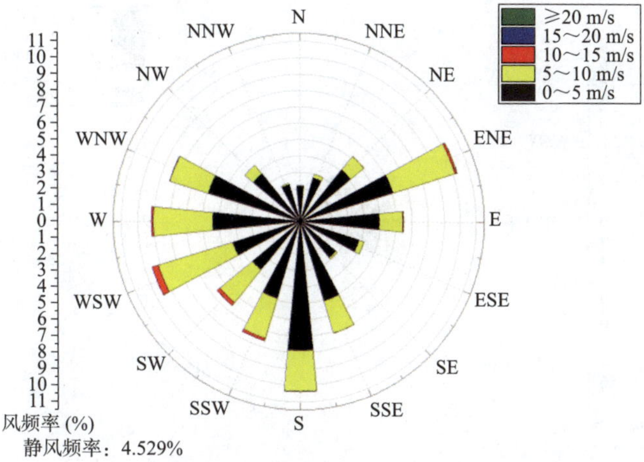

图 2-8　DK625＋100 左侧 300 m 处风向玫瑰图

(9)DK695＋400 位于二二五团附近，为稀疏胡杨林地段的流动沙地，地形相对平坦，沙丘相对较为低矮，线路穿越流动沙地地段，全年风向较为单一，以西南偏南风为主，最高风速达 18 m/s。图 2-9 为 DK695＋400 左侧 300 m 处风向玫瑰图。

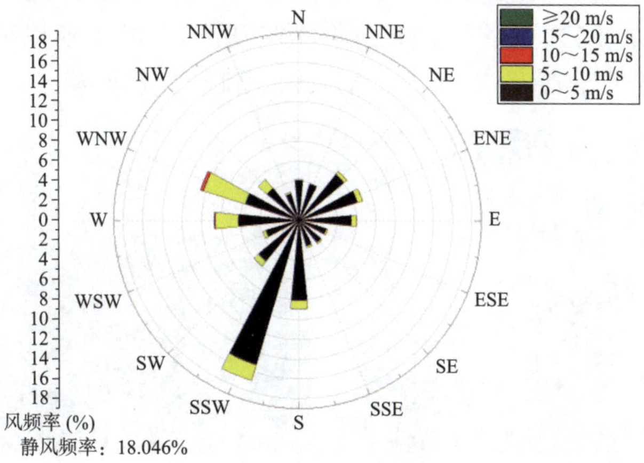

图 2-9　DK695＋400 左侧 300 m 处风向玫瑰图

(10)DK729＋600 位于策勒县附近，为戈壁风沙流区段，地形平坦，全年风向较为单一，以西风为主，最高风速达 21 m/s。图 2-10 为 DK729＋600 左侧 200 m 处风向玫瑰图。

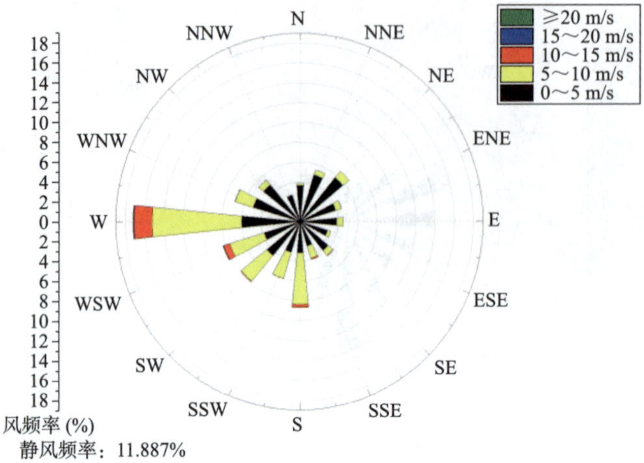

图 2-10　DK729＋600 左侧 200 m 处风向玫瑰图

2. 沙的基本情况

线路行走于浩瀚的塔克拉玛干沙漠南缘，流沙集中分布于沙漠腹地，沙丘连绵，一望无际。依据《新建铁路和田至若羌线风沙专题研究报告》，全线按照地表风沙堆积形态可分为 4 大类：

(1)大面积流动沙丘、流动沙地，共 114.22 km/78 段，主要分布于塔什萨依至五苇场以东、阿其克至若克雅、瀚海至哈热阿亚、吐木亚以东、奥乡以西至于田、策勒至洛浦等地；图 2-11 为典型大面积流动沙丘地貌

图 2-11　大面积流动沙丘地貌

(2)局部流动沙丘、沙地与半固定沙丘、沙地合计 154.46 km/165 段，分布于苏中农场以东至且末以东、三十七团至布滚鲁克、阿其克至曲曲克苏；图 2-12 为典型半固定沙丘、沙地地貌。

图 2-12 半固定沙丘、沙地地貌

(3)固定沙丘、沙地 125.58 km/74 段，分布在萨勒瓦墩至三十八团、恰勒其克至阿其克等地；图 2-13 为典型固定沙地地貌。

图 2-13 固定沙地地貌

(4)戈壁风沙流 140.51 km/30 段，分布于若羌西至瓦石峡、若克雅至于田东、固拉合玛至洛浦等地；图 2-14 为典型戈壁风沙流地貌。

图 2-14 戈壁风沙流地貌

3. 风沙危害严重程度划分

结合风况和现场风沙堆积形态，依据《铁路工程地质勘察规范》(TB 10012)，风沙危害程度划分为：

(1)风沙危害严重段落，风沙危害严重段落共 120.02 km/93 段；

(2)风沙危害中等段落，风沙危害中等段落共 163.34 km/124 段；

(3)风沙危害轻微段落，风沙危害轻微段落共 125.83 km/56 段。

4. 水文地质条件

勘测阶段通过 13 518 m/91 孔的深井钻探、物探综合测井(电阻率、井温、声波、放射性)，摸清了全线的地下水分布情况，地层岩性、含水层位置、水源井出水量、矿化度等指标，成果表明沿线深层地下水矿化度基本在 15 g/L 以内，满足植物成活的条件。浅层地下水矿化度高，水质较差，局部大于 50 g/L，植物成活较为困难。

第四系孔隙潜水、微承压水的补给主要为地表水的渗漏和上游地下水侧向径流补给。其排泄途径主要靠地面蒸发和植物蒸腾作用、人工开采及地下水的侧向径流流出。具体详述如下：

(1)若羌至塔特勒克(DK0＋000～DK41＋200)

本段为山前倾斜平原中部，地层为细圆砾、砾砂、细砂、粉砂、粉土，潜水位 58～88 m，含水层为砾砂，渗透系数 0.3～1.0 m/d，单井出水量 300～1 000 m^3/d(井径 377 mm，降深 10 m，后文单井出水量参数同此)，地下水矿化度为 0.5～4.7 g/L。钻孔抽水试验成果见表 2-1。

表 2-1　若羌至塔特勒克钻孔抽水试验成果

里程位置	孔深/m	静止水位/m	水位降深 S_w/m	出水量 Q/($m^3 \cdot d^{-1}$)	等效完整井法 K/($m \cdot d^{-1}$)	经验公式 R/m	井径 377 预测出水量 Q_y/($m^3 \cdot d^{-1}$)	预测降深 S_y/m	矿化度/($g \cdot L^{-1}$)
DK12＋000 右 100 m	160	58.6	4.90	146.88	0.32	55.82	347.83	10	0.580
DK15＋500 右 100 m	160	66.0	3.38	181.44	0.58	49.91	627.89	10	3.360
DK19＋000 右 100 m	150	59.5	3.23	187.66	0.65	49.55	681.07	10	4.620
DK23＋000 右 100 m	150	59.2	1.55	146.88	1.00	29.54	1 125.71	10	4.680
DK27＋000 右 100 m	150	74.5	3.53	187.66	0.69	50.96	628.40	10	3.540
DK31＋000 右 100 m	160	87.5	1.80	102.99	0.71	25.83	689.98	10	2.440
DK35＋000 右 100 m	170	88.0	1.72	98.67	0.61	24.33	688.07	10	2.300
DK39＋500 右 100 m	150	69.8	3.61	187.66	0.60	50.08	612.78	10	4.480

(2)塔特勒克至塔什萨依(DK41＋200～DK112＋750)

本段为山前倾斜平原中下部，地层为细砂、砾砂、粉砂、细圆砾等，潜水位一般 8～40 m，在瓦石峡河床处为 0.3～4 m，含水层为细砂、砾砂、细圆砾，渗透系数 0.1～1.8 m/d，单井出水量 100～1 800 m^3/d，地下水矿化度 0.7～4 g/L。钻孔抽水试验成果见表 2-2。

表 2-2 塔特勒克至塔什萨依钻孔抽水试验成果

里程位置	孔深 /m	静止水位 /m	水位降深 S_w /m	出水量 Q /($m^3 \cdot d^{-1}$)	等效完整井法 K /($m \cdot d^{-1}$)	经验公式 R /m	井径 377 预测出水量 Q_y /($m^3 \cdot d^{-1}$)	预测降深 S_y /m	矿化度 /($g \cdot L^{-1}$)
DK43＋000 右 100 m	150	41.7	4.33	131.24	0.29	48.53	352.04	10	3.380
DK45＋850 右 50 m	200	32.0	3.67	234.58	0.43	46.61	733.33	10	3.760
DK47＋000 右 100 m	150	32.6	13.05	126.14	0.10	89.43	109.35	10	2.640
DK51＋000 右 100 m	150	19.0	4.08	193.97	0.43	61.244	546.18	10	4.040
DK55＋000 右 100 m	120	8.5	4.87	296.01	0.65	83.543	697.82	10	1.980
DK59＋000 右 100 m	120	9.9	4.08	296.01	0.85	78.939	834.68	10	1.920
DK63＋000 右 100 m	120	13.7	4.25	279.85	0.76	76.400	758.97	10	0.920
DK67＋000 右 100 m	120	10.6	4.70	187.66	0.47	67.416	460.07	10	3.500
DK71＋000 右 100 m	120	8.6	5.80	181.44	0.35	72.433	359.22	10	1.540
DK75＋000 右 100 m	120	10.3	1.61	256.61	1.59	42.520	1 862.48	10	0.780
DK79＋000 右 100 m	100	8.7	2.51	296.01	1.77	63.829	1 375.47	10	1.120

(3)塔什萨依至依木拉克(DK112＋750～DK145＋400)

本段为沙漠区，位于冲洪积平原区前缘，地层为细砂、中砂、粉砂等，潜水位 2.2～9.36 m，含水层岩性以细砂、中砂为主，渗透系数 0.7～3.2 m/d，单井出水量 1 000～3 000 m^3/d，浅层地下水矿化度 3～9 g/L，深层地下水矿化度 1.74～5.14 g/L。钻孔抽水试验成果见表 2-3。

表 2-3 塔什萨依至依木拉克钻孔抽水试验成果

里程位置	孔深 /m	静止水位 /m	水位降深 S_w /m	出水量 Q /($m^3 \cdot d^{-1}$)	等效完整井法 K /($m \cdot d^{-1}$)	经验公式 R /m	井径 377 预测出水量 Q_y /($m^3 \cdot d^{-1}$)	预测降深 S_y /m	矿化度 /($g \cdot L^{-1}$)
DK114＋700 右 100 m	120	9.4	2.50	432.19	2.21	78.18	1 993.37	10	1.850

续上表

里程位置	孔深/m	静止水位/m	水位降深 S_w/m	出水量 Q/(m³·d⁻¹)	等效完整井法 K/(m·d⁻¹)	经验公式 R/m	井径377预测出水量 Q_y/(m³·d⁻¹)	预测降深 S_y/m	矿化度/(g·L⁻¹)
DK118+700右100 m	120	5.8	2.78	566.35	2.64	96.53	2 337.21	10	3.000
DK122+700右100 m	120	2.2	2.60	566.35	2.77	93.93	2 497.85	10	1.740
DK126+700右100 m	120	4.3	2.50	554.34	2.83	90.48	2 546.36	10	2.000
DK130+800左300 m	160	6.4	5.22	442.45	0.79	115.00	957.88	10	2.980
DK134+700右100 m	120	2.6	2.20	554.34	3.17	84.88	2 896.39	10	3.840
DK137+700右100 m	120	3.2	2.50	542.51	2.73	89.28	2 491.67	10	2.080
DK141+700右100 m	120	3.5	2.80	507.77	2.30	91.67	2 080.44	10	5.140

(4)依木拉克至三十七团(DK145+400～DK281+800)

本段为车尔臣河冲积、冲洪积平原,地层为粉砂、细砂、砾砂、细圆砾、粉土,含水层岩性为细砂、砾砂、细圆砾,潜水位0.1～4.62 m,渗透系数0.96～2.84 m/d,单井出水量1 000～3 000 m³/d,浅层地下水矿化度一般4～16 g/L,高者达185.4 g/L;深层地下水矿化度0.81～3.76 g/L。钻孔抽水试验成果见表2-4。

表2-4 依木拉克至三十七团钻孔抽水试验成果

里程位置	孔深/m	静止水位/m	水位降深 S_w/m	出水量 Q/(m³·d⁻¹)	等效完整井法 K/(m·d⁻¹)	经验公式 R/m	井径377预测出水量 Q_y/(m³·d⁻¹)	预测降深 S_y/m	矿化度/(g·L⁻¹)
DK151+650左228 m	120	4.6	3.60	421.89	1.49	94.40	1 342.41	10	3.760
DK159+700左80 m	130	4.4	5.02	417.57	0.95	110.25	946.01	10	3.160
DK252+800左150 m	120	2.3	1.03	271.99	2.84	37.67	3 086.39	10	0.980
DK256+800左150 m	100	3.2	10.85	385.26	0.52	154.00	401.03	10	0.810

(5)三十七团至布滚鲁克(DK281+800～DK337+700)

本段为沙漠,位于冲洪积平原区前缘,地层岩性为粉土、粉砂、细砂等,含水层类型为潜水—微承压水,含水层岩性为粉砂、细砂、中砂、粗砂、砾砂,地下水位埋深1～8 m,渗透系数0.35～2.30 m/d,单井出水量一般400～1 000 m³/d,个别可达2500 m³/d,浅层地下水矿化度10～50 g/L,局部大于50 g/L,深层地下水矿化度 0.98～2.12 g/L。钻孔抽水试验成果见表 2-5。

表 2-5　三十七团至布滚鲁克钻孔抽水试验成果

里程位置	孔深 /m	静止水位 /m	水位降深 S_w /m	出水量 Q /($m^3 \cdot d^{-1}$)	等效完整井法 K /($m \cdot d^{-1}$)	经验公式 R /m	井径 377 预测出水量 Q_y /($m^3 \cdot d^{-1}$)	预测降深 S_y /m	矿化度 /($g \cdot L^{-1}$)
DK285+100 左 150 m	150	6.5	19.70	187.66	0.52	340.35	547.00	10	1.260
DK288+258 左 30 m	150	5.7	2.60	241.75	0.83	56.91	1 068.22	10	1.660
DK296+584 右 603 m	150	3.7	3.43	312.77	0.84	76.05	1 040.84	10	0.980
DK300+200 右 150 m	120	8.0	9.91	330.05	0.39	130.99	376.60	10	2.220
DK304+300 左 150 m	150	2.1	5.57	222.05	0.37	82.40	452.95	10	1.000
DK308+300 左 150 m	150	2.9	6.84	256.61	0.35	98.16	424.54	10	2.300
DK312+300 左 150 m	150	4.7	8.11	304.30	0.39	122.10	422.31	10	1.550
DK323+800 右 100 m	180	3.0	1.20	279.85	2.24	47.79	2 676.00	10	2.172

(6)布滚鲁克至阿其克(DK337+700～DK478+400)

本段为山前倾斜平原，地层由单一地层逐渐过渡为粉土、粉砂、细砂互层，含水层类型也逐渐由单一潜水含水层过渡为潜水—微承压含水层，含水层岩性为粉砂、细砂、细粗圆砾，地下水位埋深 1.6～10 m，沼泽地为地下水出露点，渗透系数 0.20～0.96 m/d，单井出水量 100～1 000 m^3/d，上部潜水矿化度一般 10～50 g/L，最高可达 128 g/L，下部潜水或微承压水矿化度 1.36～4.36 g/L。钻孔抽水试验成果见表 2-6。

表 2-6　布滚鲁克至阿其克钻孔抽水试验成果

里程位置	孔深 /m	静止水位 /m	水位降深 S_w /m	出水量 Q /($m^3 \cdot d^{-1}$)	等效完整井法 K /($m \cdot d^{-1}$)	经验公式 R /m	井径 377 预测出水量 Q_y /($m^3 \cdot d^{-1}$)	预测降深 S_y /m	矿化度 /($g \cdot L^{-1}$)
DK415+800 左 150 m	150	1.6	2.30	163.30	0.69	46.55	817.98	10	1.360
DK420+200 左 150 m	100	2.6	19.10	256.61	0.20	168.60	148.94	10	1.800
DK427+300 右 150 m	180	2.0	3.00	338.86	0.87	74.67	1 283.75	10	4.360
DK436+300 左 150 m	100	7.4	4.70	213.67	0.74	75.68	525.35	10	2.740
DK477+300 右 150 m	180	2.6	3.70	241.75	0.96	96.57	885.34	10	3.220

(7)阿其克至若克雅(DK478＋400～DK545＋350)

本段以沙漠为主，位于冲洪积平原区前缘，地层岩性为粉土、粉砂、细砂等，含水层类型为潜水—微承压水，含水层岩性为粉、细、粗砂，细、粗圆砾，卵石，地下水位埋深 0.1～11 m，渗透系数 0.04～4.36 m/d，单井出水量一般 50～1 300 m^3/d，个别可达 5 000 m^3/d。潜水矿化度 10～50 g/L，局部大于 50 g/L，下部潜水或微承压水矿化度 0.86～4.9 g/L。钻孔抽水试验成果见表 2-7。

表 2-7　阿其克至若克雅钻孔抽水试验成果

里程位置	孔深/m	静止水位/m	水位降深 S_w/m	出水量 Q/(m^3·d^{-1})	等效完整井法 K/(m·d^{-1})	经验公式 R/m	井径377预测出水量 Q_y/(m^3·d^{-1})	预测降深 S_y/m	矿化度/(g·L^{-1})
DK481＋400 右 150 m	160	3.9	3.15	264.21	0.92	75.51	955.10	10	3.88
DK486＋800 左 150 m	160	2.5	3.31	187.66	0.84	76.15	643.94	10	4.90
DK490＋400 左 150 m	180	2.4	4.55	220.49	0.52	87.45	547.35	10	3.20
DK496＋100 左 150 m	170	4.8	9.05	220.49	0.24	113.99	273.14	10	2.16
DK501＋500 右 150 m	170	7.5	35.90	163.64	0.04	183.05	49.19	10	2.26
DK505＋500 右 100 m	210	8.9	5.32	220.49	0.39	94.23	466.10	10	2.20
DK510＋200 左 150 m	100	11.0	9.20	256.61	0.36	104.15	319.62	10	2.26
DK513＋800 右 150 m	200	8.5	3.30	256.61	0.73	78.04	880.40	10	2.00
DK522＋900 右 150 m	100	5.1	23.30	217.90	0.15	175.82	102.47	10	1.79
DK537＋066 左 88 m	200	11.0	1.70	887.85	4.36	97.60	5 909.64	10	0.86

(8)若克雅至喀和下勒(DK545＋350～DK612＋500)

本段为山前倾斜平原，为单一的潜水含水层，含水层岩性以砾砂、圆砾土为主，尼雅河以西(DK566＋400)地下水位埋深大于 140 m，单井出水量 100～1 000 m^3/d，矿化度 0.378～7.81 g/L；尼雅河以东、民丰县及若克雅镇以南地下水埋深大于 40 m，渗透系数 0.54～6.25 m/d，单井出水量 1 000～3 000 m^3/d，矿化度 0.76～1.02 g/L。钻孔抽水试验成果见表 2-8。

(9)喀和下勒至洛浦(DK612＋500～DK793＋200)

本段大部分为冲、洪积平原，含水层岩性以细圆砾、粗圆砾为主，地下水埋深 2～126 m，渗透系数 0.95～19.46 m/d，单井出水量 500～3 000 m^3/d，地下水矿化度一般 0.447～1.38 g/L，个别达 9.16 g/L。钻孔抽水试验成果见表 2-9。

表 2-8 若克雅至喀和下勒钻孔抽水试验成果

里程位置	孔深/m	静止水位/m	水位降深 S_w/m	出水量 Q /($m^3 \cdot d^{-1}$)	等效完整井法 K /($m \cdot d^{-1}$)	经验公式 R /m	井径377预测出水量 Q_y /($m^3 \cdot d^{-1}$)	预测降深 S_y /m	矿化度 /($g \cdot L^{-1}$)
DK548+393 右 869 m	200	42.3	1.50	887.85	6.25	94.18	6 733.81	10	0.920
DK554+600 左 150 m	180	51.3	2.53	157.94	0.54	42.19	724.20	10	0.760
DK585+200 左 150 m	268	195.0	0.70	256.61	4.95	26.61	4 425	10	1.02
DK593+300 右 150 m	280	184.0	3.00	287.88	1.17	63.59	1 116.66	10	0.96
DK606+000 右 150 m	200	143.0	3.41	507.77	3.32	93.82	1 770.62	10	0.56
DK612+500 左 100 m	240	150.0	10.89	496.54	0.65	166.58	516.76	10	0.378

表 2-9 喀和下勒至洛浦钻孔抽水试验成果

里程位置	孔深/m	静止水位/m	水位降深 S_w/m	出水量 Q /($m^3 \cdot d^{-1}$)	等效完整井法 K /($m \cdot d^{-1}$)	经验公式 R /m	井径377预测出水量 Q_y /($m^3 \cdot d^{-1}$)	预测降深 S_y /m	矿化度 /($g \cdot L^{-1}$)
DK620+300 左 150 m	200	126.9	3.69	603.42	4.09	127.60	1 898.04	10	1.380
DK625+200 左 150 m	180	93.5	9.32	603.42	1.36	202.17	730.09	10	1.100
DK635+300 左 150 m	160	37.8	3.90	542.51	2.31	131.06	1 578.50	10	0.740
DK649+500 右 100 m	120	9.1	1.05	213.67	2.11	32.12	2 392.41	10	9.160
DK668+100 右 100 m	120	18.0	0.52	695.26	19.46	46.33	15 671.12	10	0.820
D1K676+000 右 80 m	120	9.6	9.68	542.51	0.95	198.29	627.18	10	1.000
D1K681+000 右 100 m	120	2.5	2.20	356.23	2.63	77.35	1 861.61	10	1.320
D1K687+000 右 100 m	120	5.0	1.62	375.67	3.77	67.45	2 678.04	10	0.980
DK691+200 右 100 m	150	2.1	4.18	737.08	2.75	168.60	1 981.18	10	0.447
D1K700+300	120	7.9	2.36	330.05	2.30	73.45	1611.56	10	0.700
DK724+000 右 100 m	120	3.5	1.48	169.43	1.18	34.70	1 339.96	10	1.280
DK734+700 右 100 m	120	47.5	4.15	321.32	1.29	80.27	907.73	10	0.940
DK766+200 右 100 m	150	7.0	22.2	3 688.8	1.78!	708.0	1 807.34	10	0.603

沙漠在与冲、洪积平原区前缘交汇处呈断续分布，地层岩性为粉土、粉砂、细砂等，含水层类型为潜水，含水层岩性以粉砂、细砂为主，地下水位埋深 9～23 m，单井出水量大于 1 000 m^3/d，矿化度 1.0～5.0 g/L。

如：DK763+480 右 4.98 km 机井，井深 120 m，稳定水位 9.02 m，降深 11.09 m，单井出水量 4 752 m^3/d，地下水矿化度 2.53 g/L；DK763+700 右 5.15 km 机井，井深 120 m，稳定水位 9.0 m，降深 38.59 m，单井出水量

3 720 m^3/d,地下水矿化度 2.34 g/L。

(10)洛浦至和田(DK793+200～DK824+700)

本段为冲积平原,含水层岩性为粉砂、细砂、粗、细圆砾、卵石,地下水埋深1～24 m,单井出水量大于 1 000 m^3/d,富水性中等,矿化度 1～5 g/L。

如:DK792+440 左 2.48 km 洛浦县水厂水源井,井深 100 m,静水位 18 m,降深 9 m,出水量 3 840 m^3/d,地下水矿化度 0.99 g/L。

二、风沙防护理念

1. 选线原则

风沙地区选线应尽量绕避流动沙丘、沙地和对线路影响严重的半固定沙丘、沙地,避免大范围的治沙工程。在大面积风沙地区,无法完全绕避时应以最短距离通过,或在相对低矮沙丘段通过。风沙地区线路应综合考虑风沙环境及地形地貌条件,选择在地形开阔地段通过。

2. 输沙桥梁

针对输沙量巨大、植物或工程防护困难、沙源特别丰富的地段,由于其可治理性差,采取以桥代路的输沙方案,让风沙从桥下通过,一劳永逸地解决沙害问题。

3. 风沙路基

设置输沙桥梁以外的风沙地段均以路基通过,采取阻沙和固沙相结合的方式进行防沙设计。阻沙是采取工程措施阻挡铁路以外的沙进入线路范围,固沙则是采取措施降低地表风速防止铁路周边沙地就地起沙侵入线路。

植物防护兼顾阻沙和固沙的功能,具有可持续性的优势,是公认的最有效的治沙方法。对于有灌溉条件的风沙段落,和若铁路广泛采用植物固沙。树种采用当地的耐旱、固沙能力强的胡杨等乔木,柽柳、梭梭、沙拐枣等灌木构建防沙林,在植物种植初期尚未发挥作用时,设置工程防沙体系,植物生长后不再复建。

地下水超采区的沙害段落,由于水资源指标控制,无法取得利用地下水的协议,采取工程治沙。工程治沙的阻沙措施采用芦苇把沙障和 HDPE 高立式沙障,设置于防沙区域的最外侧,内部设置草方格等固沙措施。

4. 植物水源供应和灌溉方式

沙漠区域气候干燥,降雨量很少,必须采取灌溉措施保证植物成活。沿线河流均为季节性河流,在断流期不能提供稳定水源,因此采用设置水源井抽取地下水,满足植物灌溉用水需求。

灌溉方式上，选用了自动化滴灌技术，兼顾节水、减少蒸发和降低人员劳动强度，实现精准灌溉。

三、主要设计原则

对于输沙和风沙路基的各类设计原则分述如下：

1. 输沙桥梁

采取以桥代路治理风沙，无立交需求地段桥梁跨度采用 32 m，便于统一预制架设。桥下净空选择 8～10 m，一是为了输沙之需，让风沙自桥下顺利通过；二是为了清沙之便，保证机械清运的必要净空；三是为了美学之需，8～10 m 以上的净空，桥梁更为通透美观。

2. 风沙路基(风积沙区域)

风沙路基(风积沙区域)风沙防护工程分为植物防沙和工程防沙两大类。植物防沙体系采用“外阻内固、外高内低”的防沙模式。在外侧利用高大的乔木降低风速、拦截风沙，内侧通过灌木的枝叶以及发达的根系，固定流沙，层层拦截，形成梯次型的防沙体系。工程防沙体系采用多道高立式沙障阻挡外来沙源，采用芦苇方格固定地表积沙。

(1)植物防沙(风积沙区域)

①轻微风沙地段

主导风向侧防护宽度为 179 m，设 1 道 1.5 m 高沙障和 6 条林带；背主导风向侧防护宽度 139 m，设 1 道 1.5 m 高沙障和 4 条林带。植物株、行距均为 2 m，林带下方及周边设置草方格，尺寸为 1 m×1 m，如图 2-15 所示。

②中等风沙地段

主导风向侧防护宽度为 239 m，设 2 道 1.5 m 高沙障和 8 条林带；背主导风向侧防护宽度 139 m，设 1 道 1.5 m 高沙障和 4 条林带。植物株、行距均为 2 m，林带下方及周边设置草方格，尺寸为 1 m×1 m，如图 2-16 所示。

③严重风沙地段

主导风向侧防护宽度为 299 m，设 3 道 1.5 m 高沙障和 10 条林带；背主导风向侧防护宽度 199 m，设 2 道 1.5 m 高沙障和 6 条林带。植物株、行距均为 2 m，林带下方及周边设置草方格，尺寸为 1 m×1 m，如图 2-17 所示。

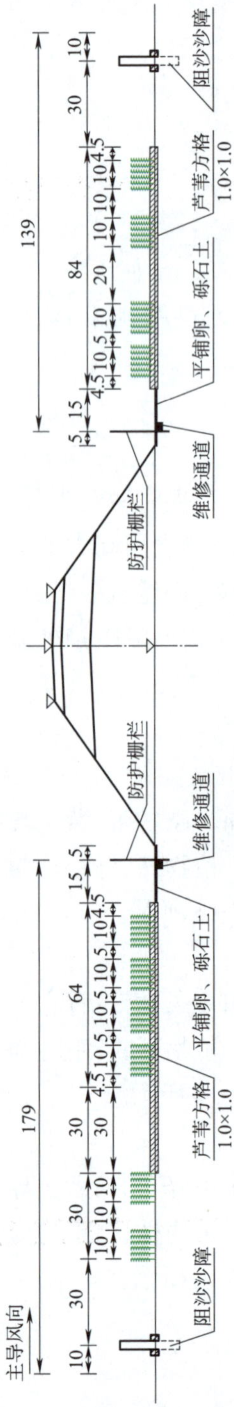

图 2-15　轻微风沙地段植物防沙布置图(单位：m)

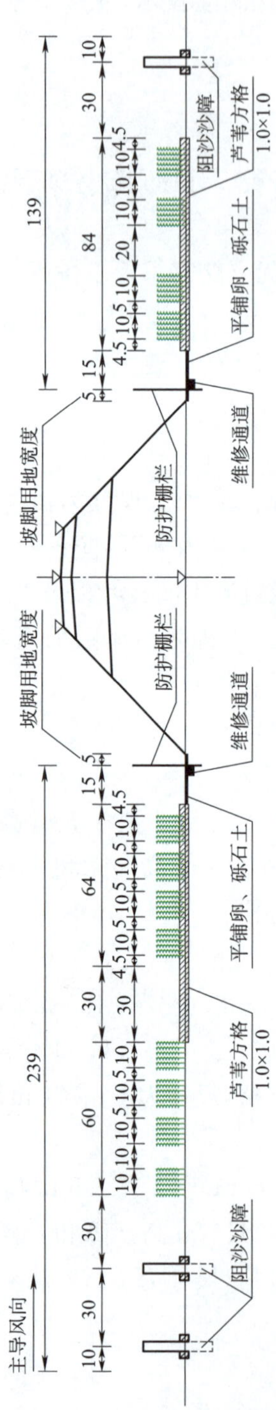

图 2-16　中等风沙地段植物防沙布置图(单位：m)

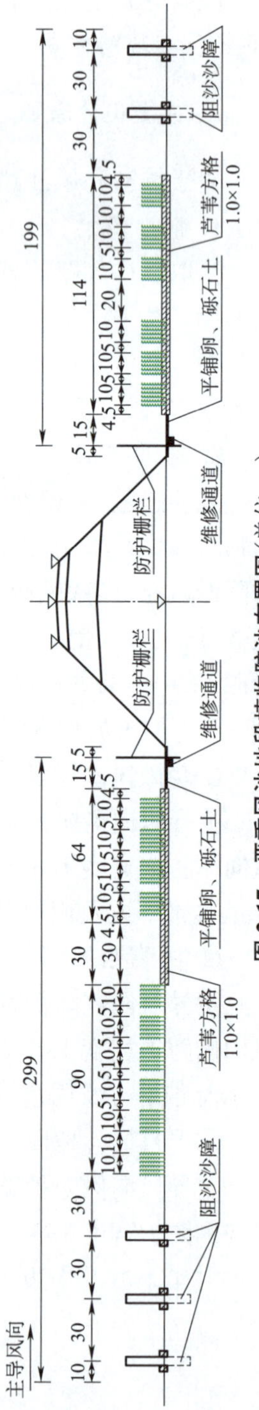

图 2-17　严重风沙地段植物防沙布置图(单位：m)

(2)工程防沙(风积沙区域)

①轻微风沙地段

主导风向侧防护宽度为 155 m,设 1 道 1.5 m 高沙障和 100 m 宽芦苇方格;背主导风向侧防护宽度 105 m,设 1 道 1.5 m 高沙障和 50 m 宽芦苇方格;芦苇方格尺寸为 1 m×1 m,如图 2-18 所示。

②中等风沙地段

主导风向侧防护宽度为 285 m,设 2 道 1.5 m 高沙障和 200 m 宽芦苇方格;背主导风向侧防护宽度 155 m,设 1 道 1.5 m 高沙障和 100 m 宽芦苇方格;芦苇方格尺寸为 1 m×1 m,如图 2-19 所示。

③严重风沙地段

主导风向侧防护宽度为 415 m,设 3 道 1.5 m 高沙障和 300 m 宽芦苇方格;背主导风向侧防护宽度 285 m,设 2 道 1.5 m 高沙障和 200 m 宽芦苇方格;芦苇方格尺寸为 1 m×1 m,如图 2-20 所示。

3. 风沙路基(戈壁风沙流区域)

戈壁风沙流区域与风积沙区域有显著的区别,工程措施也有很大不同,戈壁风沙流区域地表基本看不到积沙,仅在低洼处可见少量积沙,沙害是由大风携带远处沙源的沙颗粒堆积在线路附近导致的。在防护措施方面,会减弱或完全取消固沙措施。

(1)植物防沙(戈壁风沙流区域)

植物防沙体系在外侧利用高大的乔木降低风速、拦截风沙,内侧通过灌木的枝叶以及发达的根系,固定拦截下来的流沙,使其不再运动。

①轻微风沙流地段

主导风向侧防护宽度为 179 m,设 1 道 1.5 m 高沙障和 6 条林带;背主导风向侧防护宽度 139 m,设 1 道 1.5 m 高沙障和 4 条林带;植物株、行距均为 2 m,如图 2-21 所示。

②中等风沙流地段

主导风向侧防护宽度为 239 m,设 2 道 1.5 m 高沙障和 8 条林带;背主导风向侧防护宽度 139 m,设 1 道 1.5 m 高沙障和 4 条林带;植物株、行距均为 2 m,如图 2-22 所示。

③严重风沙流地段

主导风向侧防护宽度为 299 m,设 3 道 1.5 m 高沙障和 10 条林带;背主导风向侧防护宽度 199 m,设 2 道 1.5 m 高沙障和 6 条林带;植物株、行距均为 2 m,如图 2-23 所示。

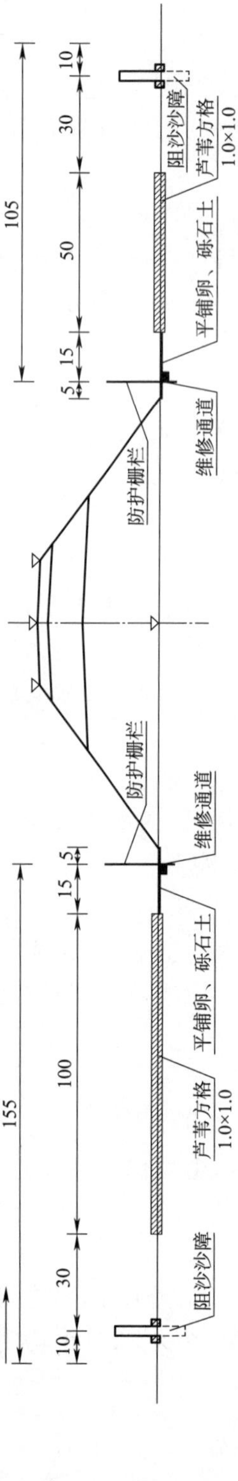

图 2-18　轻微风沙地段工程防沙布置图（单位：m）

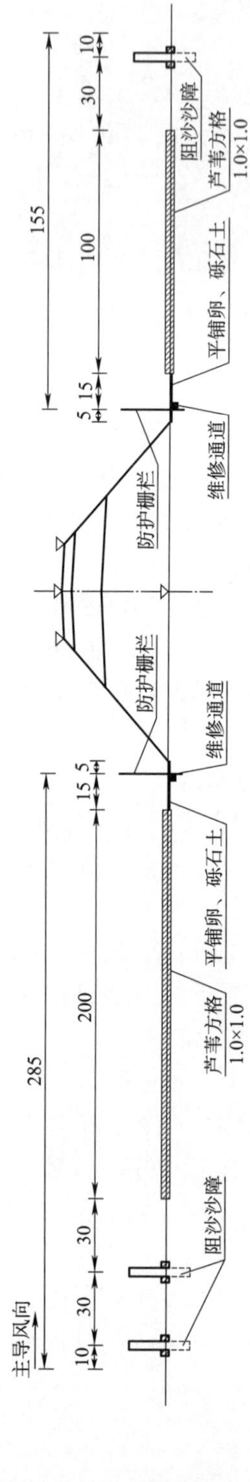

图 2-19　中等风沙地段工程防沙布置图（单位：m）

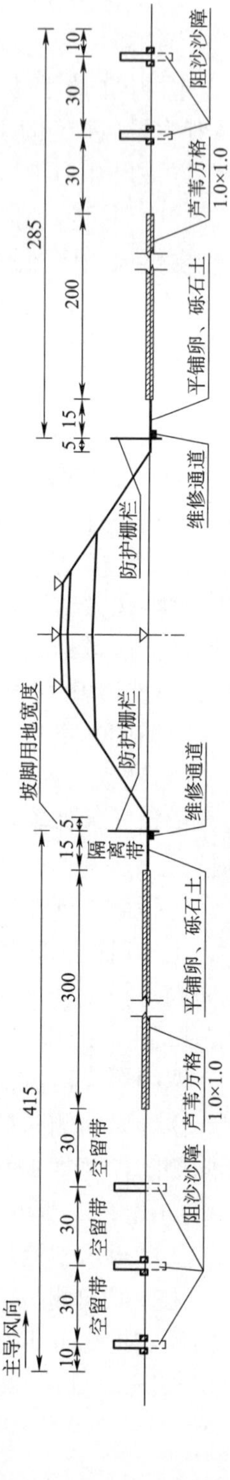

图 2-20　严重风沙地段工程防沙布置图（单位：m）

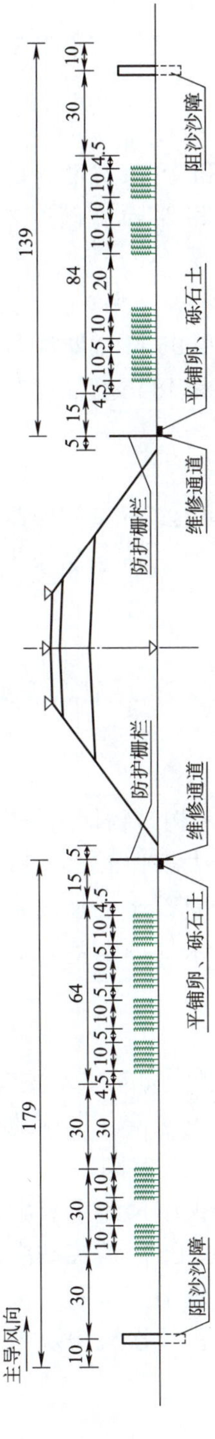

图 2-21　轻微风沙流地段植物防沙布置图（单位：m）

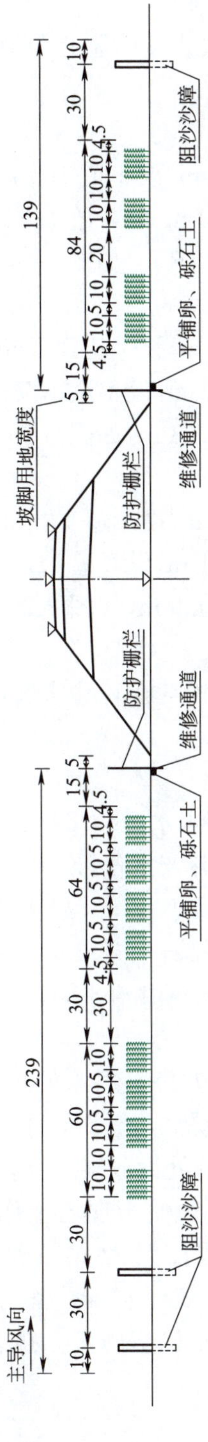

图 2-22　中等风沙流地段植物防沙布置图（单位：m）

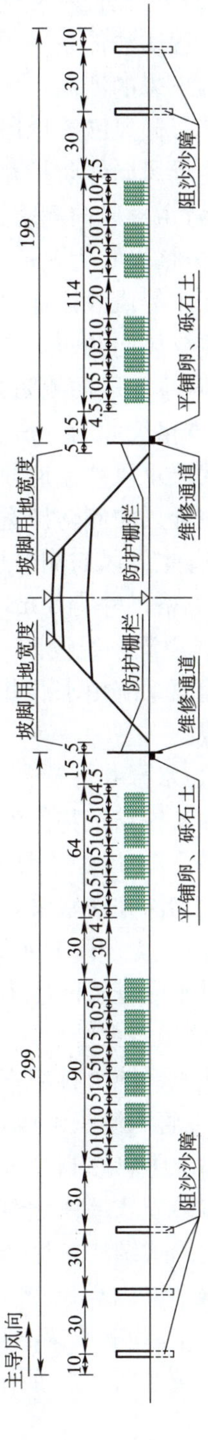

图 2-23　严重风沙流地段植物防沙布置图（单位：m）

(2)工程防沙(戈壁风沙流区域)

工程防沙体系采用多道高立式沙障阻挡外来沙源,采用储沙芦苇方格固定拦截下来的沙源。

①轻微风沙流地段

主导风向侧防护宽度为 163 m,设 1 道 1.5 m 高沙障和 48 m 宽储沙芦苇方格;背主导风向侧防护宽度 109 m,设 1 道 1.5 m 高沙障和 24 m 宽储沙芦苇方格;方格尺寸为 8 m×5 m,高 0.8 m,如图 2-24 所示。

②中等风沙流地段

主导风向侧防护宽度为 301 m,设 2 道 1.5 m 高沙障和 96 m 宽储沙芦苇方格;背主导风向侧防护宽度 163 m,设 1 道 1.5 m 高沙障和 48 m 宽储沙芦苇方格;方格尺寸为 8 m×5 m,高 0.8 m,如图 2-25 所示。

③严重风沙流地段

主导风向侧防护宽度为 439 m,设 3 道 1.5 m 高沙障和 120 m 宽储沙芦苇方格;背主导风向侧防护宽度 301 m,设 2 道 1.5 m 高沙障和 96 m 宽储沙芦苇方格;方格尺寸为 8 m×5 m,高 0.8 m,如图 2-26 所示。

4. 灌溉系统设计

灌溉系统由水源井、首部灌溉设施和输水管路(主管、支管、毛管含滴头)等组成。

(1)水源井

和若铁路植物固沙段灌溉用水水源均采用地下水,取水构筑物均为管井。井深最小 110 m,最大 280 m,单井产水量最小 25 m^3/h、最大 100 m^3/h。取水设备均为深井潜水泵,水泵扬程最小 80 m、最大 260 m,进首部水处理设备压力 0.3~0.4 MPa。水源井内深井潜水泵设计扬程考虑了水处理设备局部损失和供水灌溉管网压力需求,即由深井潜水泵输送至滴头。

(2)灌溉系统

灌溉系统由首部集成箱体(包括房屋、水处理设备、施肥设备)、供水主管、支管、毛管和滴头组成,主管上设隔断检修阀门,支管上设电磁阀。根据地形起伏情况主管在高处设排气阀、低处设放空夜莺,支管末端设放空阀。

①装配式一体化给水机房。为便于现场施作,采用轻钢结构体系装配式一体化箱式结构,机房集成变频电控柜、烧结除砂一体机、过滤器、监控站灌溉控制器系统、通信服务器、施肥系统等灌溉设备与井房等,现场只需完成机房基础施工,能够快速高效完成给水机房施工。拼装式一体化给水机房及内部主要组成如图 2-27 所示。

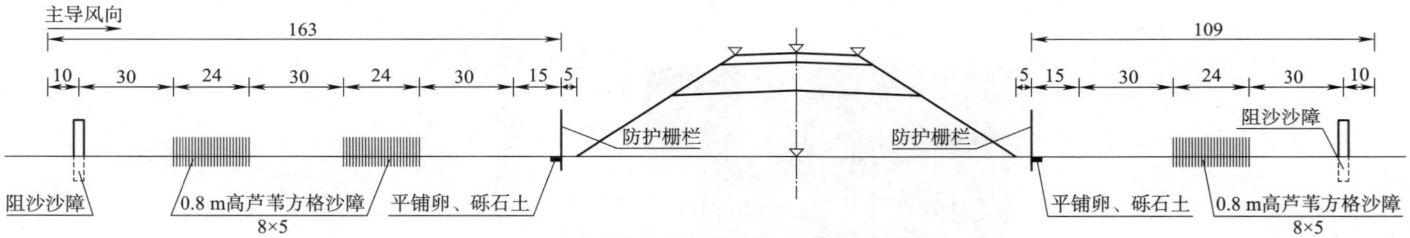

图 2-24 轻微风沙流地段工程防沙布置图(单位: m)

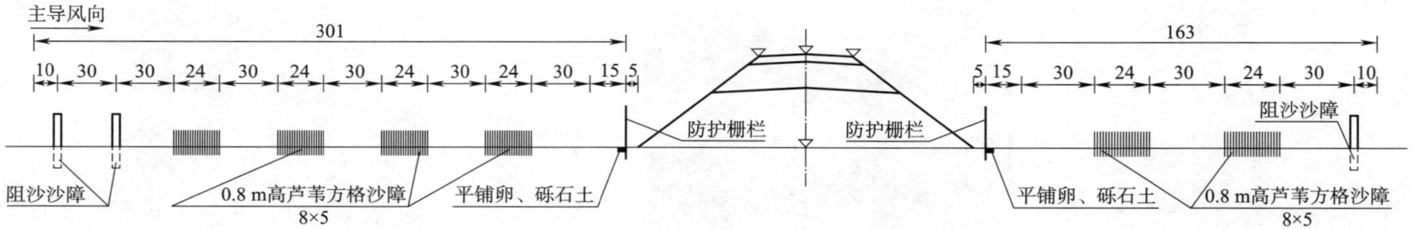

图 2-25 中等风沙流地段工程防沙布置图(单位: m)

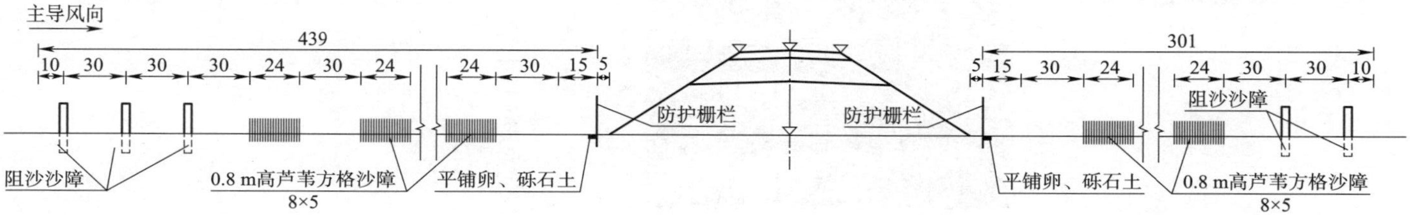

图 2-26 严重风沙流地段工程防沙布置图(单位: m)

(a) 拼装式一体化给水机房

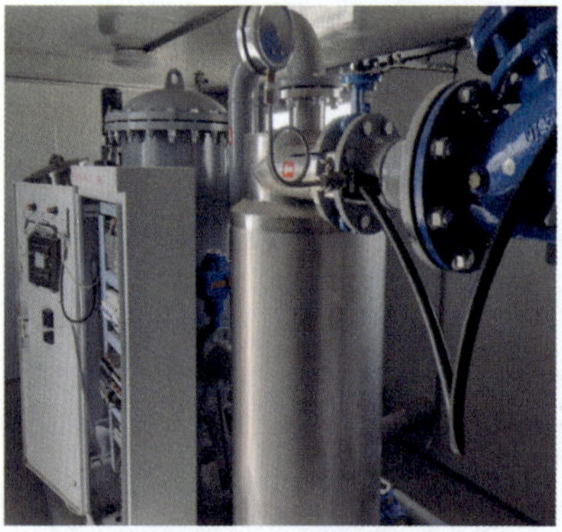

(b) 内置的各种灌溉设备

(c) 内置施肥罐

图 2-27　拼装式一体化给水机房及内部主要组成示意

②支管电磁阀。在每个主管分出的支管上设灌溉专用电磁阀,如图 2-28 所示。

图 2-28　现场太阳能无线控制器及电磁阀

③电源组成。全线水源井内深井潜水泵、水处理设备、施肥设备、首部箱体用电来自铁路贯通线，设杆式变压器供电，采用柴油机组作为临时备用。

④管材材料及敷设方式。主管埋入地下，支管、滴灌管在地表敷设，主管、支管均采用 PE 管，热熔焊接，设计压力 1.0 MPa。毛管采用 de20 聚乙烯 PE 管，公称压力 0.4 MPa，壁厚≥1.2 mm。滴头与植物根部位置对应，滴头为压力补偿式滴头，出水量 4.0～6.0 L/h。压力补偿式滴头对地形起伏较大地段适应性极强，使每个滴头出水量恒定，无远近和压力大小限制，保证每株植物需水量，使植物成活率大大提高。

⑤苗木种植方式。苗木种植分铁路单侧种植和双侧种植两种，根据水源井产水量确定灌溉苗木数量，进而确定灌溉范围和灌溉长度。设计单井最大灌溉苗木数量 209 208 棵，最小 18 993 棵。灌溉长度最大 3 800 m，最小 800 m。

(3)灌溉时间

灌溉时间为 3～11 月，全年灌溉 32 次，每次灌溉时间 12 h，轮灌周期 6～7 d，沙漠区段灌木单次灌溉水量 27 L/株，单株灌木年用水量 864 L；戈壁风沙流区段单次灌溉水量 35 L/株，戈壁区段单株灌木年用水量 1 120 L。全年灌溉周期见表 2-10。

表 2-10　全年灌溉周期

灌溉月份	1	2	3	4	5	6	7	8	9	10	11	12	全年合计
灌溉次数	0	0	2	3	4.5	4.5	4.5	4.5	4	3	2	0	32

(4) 灌溉管理

灌溉管理采用人工控制和自动控制两种方式，深井潜水泵采用手动控制，水处理设备和电磁阀自动控制。自动控制设备包括电磁阀、电磁阀信号传输设备和集控电脑。

①自动化灌溉系统。采用 GPRS 无线公网＋无线通信方式的自动化灌溉系统，系统原理如图 2-29 所示。灌溉控制器系统通过 GPRS 公网发布指令给通信管理站，通信管理站对指令进行分派通过无线微波发送至灌溉控制 RTU，灌溉控制 RTU 对灌溉电磁阀根据指令进行启闭控制，操作终端通过人机交互，直观地查看灌溉设备运行情况，通过预先编制好的程序自动按一定顺序对阀门进行远程启闭操作，可以实现手机 App 远程操作控制灌区自动化灌溉，保证植物成活率，减少管养成本。

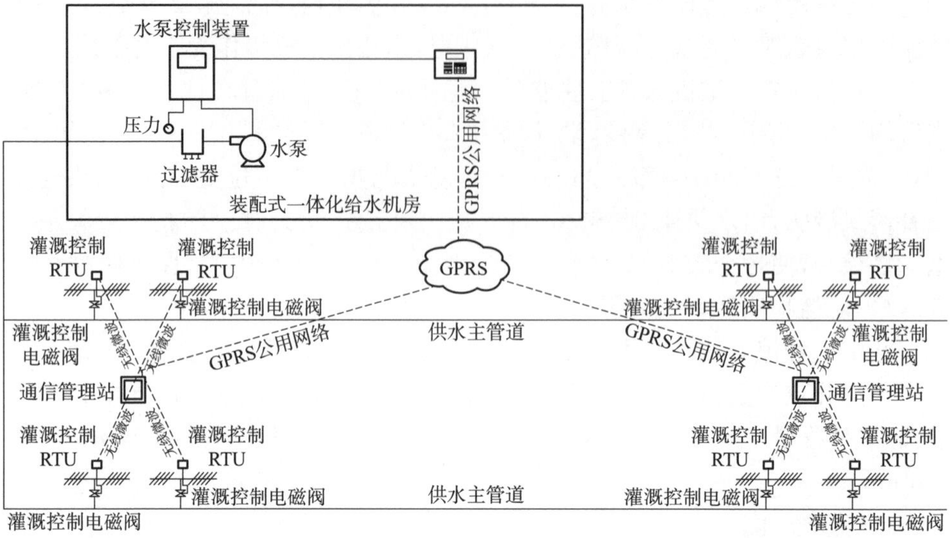

图 2-29　自动化灌溉系统原理图

②灌溉管道系统控制。依托设置在每个主管分出支管上的灌溉专用电磁阀，及其配备灌溉阀门反馈管理器、区间灌溉管理通信站、区间灌溉管理通信模块、区间灌溉控制 RTU 等，通过无线传输信号，将电磁阀开关信号传送至首部集控电脑，集控电脑可以显示、控制电磁阀的开和关，从而实现集中控制电磁阀。

通过集控电脑编程，根据每座水源井产水量，按划分的轮灌单元和轮灌周期，进行自动轮流灌溉。集控电脑可以植入手机模块，通过手机 App 实现人工智能自动化控制。

第三节　工程实施

为确保工程实施效果，结合现场情况和工程实际，制定和若铁路风沙防护体系施工工艺流程图，达到掌握设计意图、施作过程界面清晰、质量过程管理有效等目的。和若铁路植物防沙施工工艺流程如图 2-30 所示。

一、植物种植

1. 苗木选择及运输

根据设计图纸，列出所需采购苗木的品种、数量、规格，落实苗木供应来源

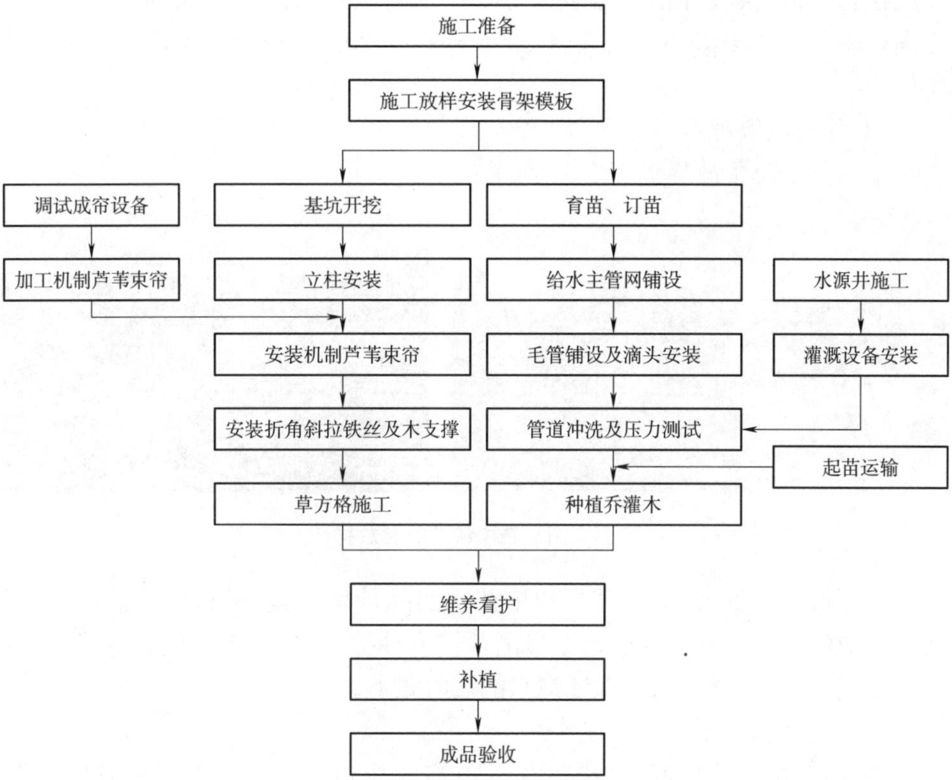

图 2-30　植物防沙施工工艺流程图

以及运到栽植地的方法。

(1)树种选用:乔木采用胡杨,灌木采用红柳、梭梭、沙拐枣。

(2)苗木要求:乔木(胡杨)地径采用 0.5～1.5 cm,苗木地上高度 80～150 cm,根系长度不小于 20 cm,保留完整的须根;灌木(红柳、梭梭、沙拐枣)采用 1～2 年生苗木,苗木地上高度不小于 30 cm,梭梭、沙拐枣根系长度不小于 10 cm,红柳根系长度不小于 15 cm。

(3)苗木运输过程中,所有幼苗必须有良好的包装,以防止物理损伤,保证不受太阳、风吹等不良气候的侵害。

2. 苗木种植

(1)最佳(补)种植季节

春、秋季为苗木的种植季节,春季最佳时间为 3 月 15 日～4 月 20 日,秋季最佳时间为 10 月 25 日～11 月 20 日。春季为优先选择的种植季,尽量在春季开展植物种植(秋季种植后苗木被野生动物啃咬较为严重,影响成活率)。为提高林带的整体成活率,在 5 月 20 日～6 月 20 日进行沙拐枣种子的补植工作。

(2)种植位置确定

苗木种植位置放样如图 2-31 所示。

图 2-31　苗木种植位置放样

根据设计图纸要求,在现场找出苗木实际种植位置,进行定点放线,采用行列式放线法,并拉施工线,严禁目测种植。种植前,先将毛管铺设完成,根据毛管的滴头位置种植苗木,保证浇水能及时跟上。

(3)种植间距

林带采用品字形布置,株距及行距均为 2 m。沿平行于线路方向设置 0.3 m 高芦苇条带(方格会与水管冲突),林带与林带间采用 0.3 m 高芦苇方格。林带起终点位置垂直线路方向设置 0.3 m 高,4.5 m 宽芦苇方格。10 m 宽灌木林带平面设计如图 2-32 所示。

(4)苗木栽植要点

栽植时间应尽量缩短起苗与栽种之间的时间差,做到随起随栽。将苗木的根系放入树穴内,使其居中再将树木立起,保证垂直,然后分层回填种植土。

胡杨种植截头,封漆,保留主杆长 80～120 cm,根部种深不少于 35 cm。红柳种植深度不少于 25 cm。

梭梭种植深度不少于 15 cm,在总长度不变的情况下,尽量向下多种深 5 cm。不要过多考虑地面高度,这样成活率更高。沙拐枣种植深度不少于 20 cm。

(5)浇水

第一遍水在下苗前实施,将种植区域内的沙土浸透;第二遍水在下苗后实施,尽量与种植同步完成(最长不得超过 24 h);第三遍水与第二遍水间隔 2～3 d

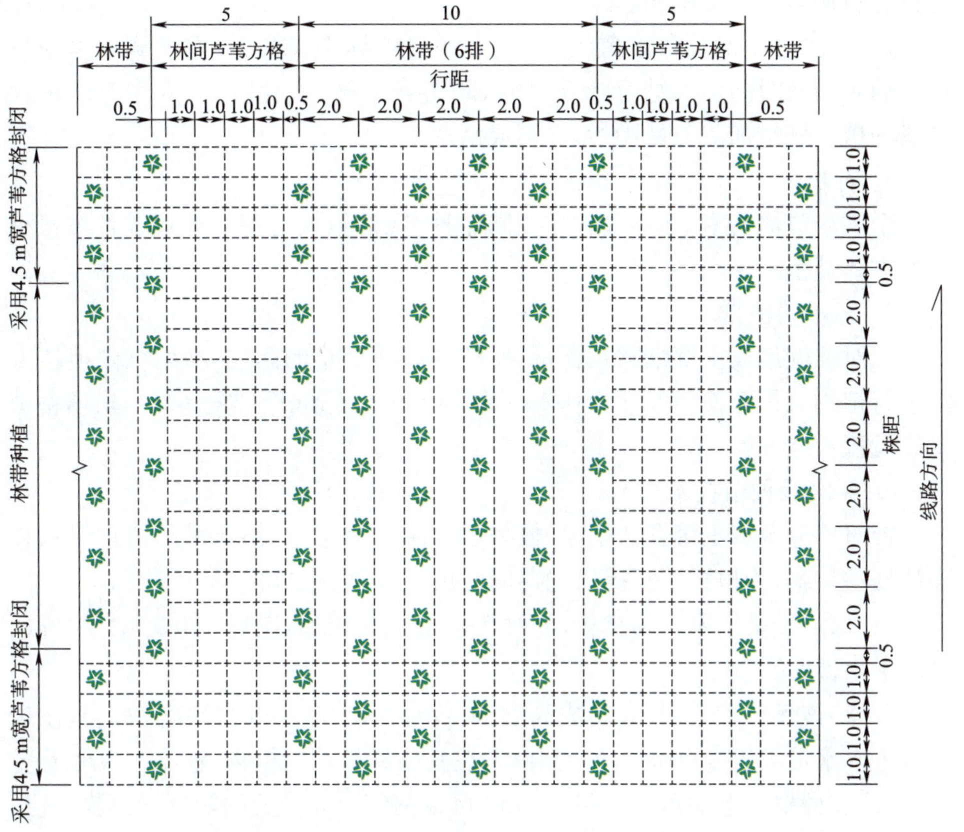

图 2-32　10 m 宽灌木林带平面设计示意(单位:m)

(因气候、湿度影响由现场管养人员临时调整)。以后浇水根据气候、湿度进行补水。

3. 养护管理措施

(1)灌溉关键节点:包括定根水、解冻水和冻水。定根水是指刚刚种植后一定要及时灌溉透水即定根水,定根水对于植物成活至关重要。解冻水在春季实施,开春的解冻水可以让土壤快速解冻,促进树苗萌动;冻水也叫冬灌,在结冻前进行冬灌,可以使植物免受冻害并促进根系吸收,利于越冬。

(2)灌溉方法:种植区域土壤均为砂类土,气候干燥,蒸发量大,透水性强,灌溉要少量多次,以减少蒸发和流失,按照设计采用滴灌方式进行灌溉,既节约灌溉用水和人力,又能做到及时准确。

(3)施肥:将水溶肥倒入施肥罐与水融在一起,春季发芽期间,通过灌溉管网将肥料送至每一株植物。

(4)病虫害防治及防鼠兔咬食:经常观察植物生长情况,发现病虫害应采取喷洒农药及时防治。结合当地经验,幼苗容易被鼠、兔咬食,采用芦苇束保护或种植区域增加防兔鼠围栏,提高成活率。

4. 补植

个别未成活苗木,在春季选择相同品种、规格稍大的苗木补栽或者种植种子的方式补植。

5. 客土栽植技术

针对戈壁地段土壤细颗粒含量少,植物成活困难的问题,采用坑内换填方式进行植物栽植。换填尺寸为 0.4 m×0.4 m×0.5 m(长×宽×深),换填耕植土或风积粉、细砂。

6. 保水袋种植技术

针对部分区域土壤含盐量大,植物成活困难的难题,创新采用植物保水袋隔盐处理技术,为植物生长提供先期的庇佑。具体做法如图 2-33 所示。

(1)保水袋采用聚丙烯材料,经过热轧辊热轧成形,制成 160 g/m^2 的可透气的憎水性布。

(2)将该无纺布裁切,缝制成高度 50 cm、直径 30 cm 的植物保水袋,在袋内装入含水量大于 20%的湿沙混合料,在其中种植沙生植物,整体埋入地下。

(3)在种植袋上端覆盖一层 10 μm、可在两年内光降解的防蒸发薄膜,该蒸发膜采用高压聚乙烯或聚乙烯醇做基础材料(添加光触媒使之能够在规定时间内通过光降解)吹制而成,通过薄膜中心开具有直径 1 cm 的圆孔,以适合于种植沙生植物,形成了一种整体的保水型植树系统。

(4)种植完成后,初期每个月浇灌一次,后期每两或三个月浇灌一次(根据植物需水量现场可调节),使植物逐渐成长,直至根系穿透种植袋而深入地下,完全适应当地生存环境而能够自然生长为止。

二、工程防沙

1. 施工顺序

采用“先外后内、先阻后固”的原则,先实施阻沙措施,阻截过境风沙,避免风沙堆积在线路附近。再实施固沙措施,固定沙障与铁路之间地面上的沙丘或积沙,保证其不在风力作用下移动。

(a) 植物保水袋装土　(b) 基坑开挖

(c) 毛管铺设及种植　(d) 袋放于基坑并培土

(e) 成品1　(f) 成品2

图 2-33　采用植物保水袋种植

2. 芦苇把加工

将芦苇采用 20 号镀锌铁丝绑扎成直径 3～5 cm 的小捆，长 1.5 m，两端留 5 cm，铁丝捆扎间距为 28 cm，芦苇长度不足时应相互搭接，芦苇秆粗细交错搭配捆扎紧密，以提高芦苇把的结构强度。芦苇把帘采用专用机械加工，精准控制芦苇把间距、透风率等参数，减少了人工绑扎对施工质量的影响。

3. 高立式阻沙障施工

(1)高立式沙障高度为 1.5 m,芦苇栅栏每隔 4 m(沙丘地段每隔 3 m)采用 2.5 m 高直径 $D\geqslant 8$ cm 的圆木或长、宽均$\geqslant 8$ cm 的方木固定,立柱露出地面 1.5 m,埋入地面以下 1 m。木立柱上钉 8 cm 长的钉子做挂钩,钉入木立柱 4 cm,向上弯起 4 cm。木立柱下部 1.2 m 范围采用沥青浸渗或涂刷 3 遍,厚度不小于 0.1 cm,以防水土腐蚀使原木腐烂。立柱可以采用开挖埋入式,也可采取打入式。

(2)芦苇把帘采用成帘成束设备进行加工,机制芦苇把帘为 6 道双股 14 号铁丝缠绕绑扎芦苇束而成,每束直径约 3 cm,束与束间距约 2~3 cm,芦苇把帘宽度 1.5 m,透风率控制在 40%~50%。立柱间采用 12 号铁丝对称斜拉 2 道,芦苇把帘铁丝与斜拉铁丝交叉点,采用 16 号铁丝进行绑扎固定,每个立柱与机制芦苇把帘铁丝交叉处采用 12 号铁丝固定,不得移位。

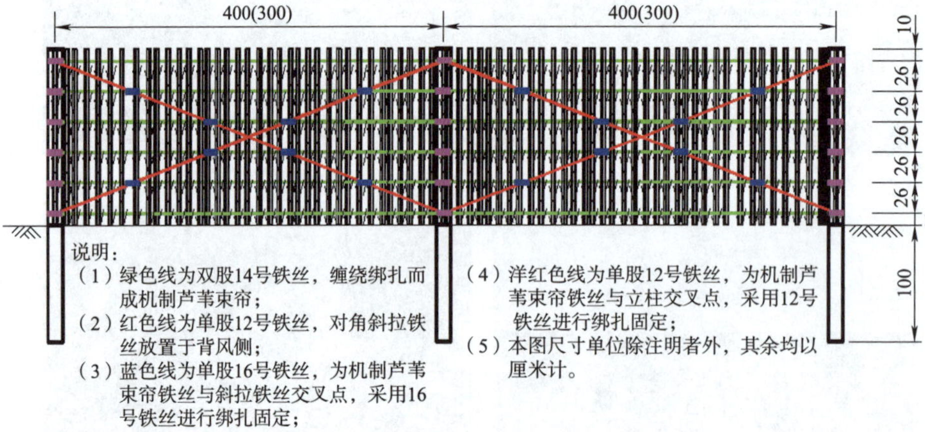

图 2-34　芦苇帘及其固定支架制作设计图

(3)对称斜拉铁丝连接高立式沙障拐点木立柱顶部以及地面固定端(0.5 m 高、$D\geqslant 3$ cm 木立柱打入地面以下),对称斜拉铁丝放置于折角处,拉线设置于折角外侧,与沙障走行方向位于一条直线,斜拉铁丝斜向角度约 45°。高立式芦苇沙障每间隔 50 m 左右在最近的折角外侧设置斜支撑(圆木或方木),斜支撑插入地面以下 30 cm,与高立式芦苇沙障立柱在地面以上 1.0 m 位置固定。"之"字高立式阻沙障固定支架制作要求如图 2-35 所示。

(4)芦苇排下部应与地面贴合,如有空隙,应将地面大致平整,并将空隙人

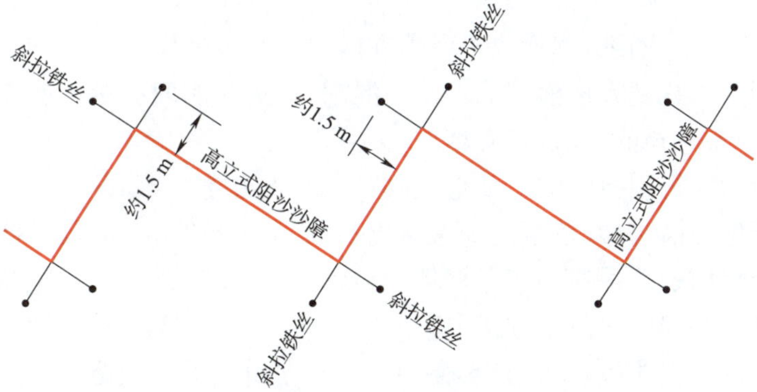

图 2-35　“之”字高立式阻沙障固定支架制作要求

工培土填缝，芦苇排施工前应先完成其他工作，最后再安装施工。施工完毕后应检查现场芦苇沙障有无破损，宜及时修补。

(5)风积沙地段高立式沙障两侧各设置 3 m 宽、1.0 m×1.0 m×0.3 m 芦苇方格，防风掏蚀立柱基础。高立式沙障阻沙效果如图 2-36 所示。

(a) 高立式阻沙沙障施工

(b) 风积沙地段成品

(c) 其他成品

图 2-36　高立式沙障阻沙效果

4. 芦苇方格施工

(1)根据施工图纸,测量放出芦苇方格设置的边缘线。

(2)用芦苇扎制方格前需洒水使之湿润,以免扎制时折断。扎制前将材料切成45～47 cm长的节段,整齐堆放。

(3)沿网线将制备好的芦苇垂直放置在放线边缘。

(4)开挖沟槽,放入芦苇。确保露出地面不小于0.30 m,埋入沙中不小于0.10 m。壅沙扶直,用脚将芦苇两侧的沙踩实,并用铁锹或刮沙板将方格中间的沙向四周刮一刮,使芦苇方格中部形成凹槽,有利于沙障内地面稳定。

(5)植物防护地段,采取芦苇条带。条带展布方向与灌溉毛管方向一致,防止相互干扰。芦苇方格施工如图2-37所示。

(a) 施作过程

(b) 成品

图 2-37　芦苇方格施工

三、水源和灌溉系统

1. 水源井施工

(1)按照设计井位,布置基线控制网,采取交会法准确放出井位。

(2)平整场地,清除杂物,更换软土,夯填密实。钻孔场地在陡坡时,先挖成平坡,使钻机座于坚实的填土上,以免产生不均匀沉陷。

(3)修通便道,为施工机具、材料运送提供便利。

(4)泥浆采用聚合物泥浆。制备及循环分离系统由泥浆搅拌机、泥浆池、泥浆分离器和泥浆沉淀处理器等组成。排浆地沟采用地面挖沟并铺设塑料膜防止泥浆流失。

(5)钻孔前设置坚固、不漏水的孔口钢护筒,防止塌孔,护筒长度4 m。当表层土松软时,将护筒埋置到较坚硬密实的土层中至少0.5 m。埋设护筒后在护筒四周回填黏土并分层夯实。在钻孔施工过程中,对沉淀池中沉渣及浇筑混凝土时溢出的废弃泥浆随时清理,严防泥浆溢流,并用汽车弃运至指定地点倾泻,禁止就地弃渣污染周围环境。

(6)施工过程中,当钻进到设计深度后,应立即采用水泵冲洗清孔,将孔内土块及泥浆冲洗出孔口,成孔的垂直度偏差不大于 0.1%,成孔深度偏差不大于 200 mm。

水源井钻探和水泵房如图 2-38 所示。

(a) 水源井钻探

(b) 水泵房

图 2-38　水源井

2. 灌溉管网施工

灌溉管网由干管→支管→毛管(滴灌管)组成。干管采用 Pe100 级 De90～De250 管材;支管采用 Pe100 级 De75 管材。

施工注意事项:

(1)管道连接前对管材、管件及管道附件进行检查,并对施工现场进行外观质量检查,符合规程方准施工。

(2)管材、管件以及管道附件的连接采用热熔连接。

(3)公称外径大于或等于 63 mm 的管道不得采用手工热熔承插连接,管材管件不得采用螺纹连接和黏结。

(4)PE 管与金属管道附件连接应采用法兰连接;管道各种连接应采用相应的专用连接工具,连接时严禁明火加热。

(5)管道安装完毕后,必须进行水压试验;试压时管接头裸露,试压合格验收后方可完全回填沟槽。

(6)干管管顶覆土不小于 70 cm,支管管顶覆土不小于 40 cm,管道在过路时应加设镀锌无缝钢管保护，套管直径应大于保护管道两级。套管长度应多出道路两边至少 1 m。

灌溉管网如图 2-39 所示。

(a) 管节头　(b) 阀门

(c) 滴灌管网布置

图 2-39　灌溉管网

3. 滴灌管及滴头布置

滴灌管为压力补偿式滴灌管，具有压力补偿及防虹吸功能，设计工作压力 0.05～0.40 MPa，滴灌管沿种植树行进行铺设，滴头间距 2.0 m，单滴头流量为 4.0～6.0 L/h。一行树木按一根滴灌管布置，滴灌管明铺于地表。斜坡地段滴灌管用卡子固定于坡面上，平均每隔 10 m 安装一个卡子。支管、干管应在低点加设泄水阀。冬季不灌溉时需打开泄水阀放水，以防冻坏管道，泄水井位置和数量可在施工时依现场地形进行适当调整。

4. 附属建筑物施工

附属建筑物施工主要为各类阀井施工、设备安装等。附属建筑物施工应尽量安排在管道施工以前，以免相互干扰和便于管道与建筑物的连接。施工中注意基础处理，回填土应分层夯实，换填级配良好的圆砾土，分层碾压至基础底面，分层厚度不超过 300 mm，密实度应大于 0.97，换填后承载力特征值不小于 150 kPa。

闸阀井基础按设计要求开挖成形后，回填土应夯实。对于土基，采用 2.8 kW 蛙式打夯机夯实，压实度≥0.96；对于砂砾石地基，采用 2.5 kW 平板振动夯夯实，压实度≥0.95。

阀门井、排水井、排气井采用成品树脂井，阀门井的阀口及连接件不允许出现漏水现象。

第四节　工程验收

和若铁路自开工建设以来，始终把防沙工程视为头等大事。风沙防护工程自 2019 年秋季与主体工程同步开展实施以来，建设单位专门组织专家会、工作推进会 7 次，下达相关调度要求 18 次。在工作实践基础上，参考国家、行业相关规定，形成新疆和若铁路有限责任公司企业标准《新建和田至若羌铁路风沙防治工程质量验收细则》（Q/HRGS 001—2021）。细则包括术语、验收内容、检验批划分、实施阶段工程防护验收标准、实施阶段植物防护验收标准、竣工阶段工程防护验收标准，竣工阶段植物防护验收标准等内容。主要内容简述如下：

一、验收内容

《新建和田至若羌铁路风沙防治工程质量验收细则》（Q/HRGS 001—2021）主要针对工程防沙及植物防沙等相关内容进行验收。水源井、管道敷设、设施安装、电力、通信等验收参照《铁路给水排水工程施工质量验收标准》（TB 10422—2020）、《微灌工程技术标准》（GB/T 50485—2020）、《自动化仪表工程施工及质量验收规范》（GB 50093—2013）、《计算机场地通用规范》（GB/T 2887—2011）和《电气装置安装工程 电气设备交接试验标准》（GB 50150—2016）等进行。

二、验收内容划分原则

1. 分部工程、分项工程

风沙防护工程施工质量验收划分为分部工程、分项工程和检验批。工程防沙、植物防沙分别为分部工程。分项工程包括 1.5 m 高立式阻沙沙障、

0.8 m 高中立式储沙沙障、0.3 m 高芦苇方格、维修通道、防火隔离带、灌木的成活率、乔木的成活率。

2. 检验批

(1)固沙及阻沙设施的防护类型、结构形式及防护范围应符合设计要求。

(2)固沙及阻沙设施所用材料的品种、规格、质量应符合设计要求。

(3)阻沙栅栏立柱的品种、规格、质量应符合设计要求。

(4)阻沙栅栏立柱的高度、埋入深度、间距及孔隙率应符合设计要求。

(5)格状沙障的埋入深度、露出地面高度及方格形式应符合设计要求。

(6)防护范围应符合设计要求。

(7)平面防护覆盖层的卵石土等防护设施应铺设完整、稳固,符合设计要求。

(8)植物的品种、规格应符合设计要求。

(9)植株的品质应符合设计要求,并应符合下列规定:

①色泽正常,不应有病、虫害;

②木本植物应植株健壮,基干通直,顶芽无损伤,分枝均匀,冠形完整,根系发达,土球包装完整。

(10)植物种植的密度、数量、株距、行距、树穴的直径和深度应符合设计要求。

3. 其他要求

(1) 设置导流堤地段的风沙防护,结合导流堤的布置,相应调整管道布置及植物栽植。

(2)沙埋严重地段,根据沙害情况,采取补强措施,不再进行清沙工作,具体如下:

①植物防护与工程防护相结合地段

植物防护地段,工程防护主要起先期固沙和阻沙作用,后期主要以长大的苗木阻挡风沙。因此植物防沙段落,根据苗木长势情况以及沙埋情况分析是否补强,苗木长势好的地段不再补强,苗木长势差的,如果沙埋较为严重,则相应进行补强处理。

②纯工程防护地段

纯工程防护体系的使用寿命为 5 年,根据现场沙埋情况采取补强措施。

三、竣工阶段工程防护验收标准

1. 芦苇方格设计标准

芦苇方格尺寸为 1 m×1 m,露出地面不小于 0.3 m,埋入沙中不小于

0.1 m，折合每平方米芦苇用量不小于 2 kg。当地形起伏较大，不能做方格时，可以做不规则形状，可根据现场实际情况进行调整。

2. 芦苇方格验收标准

从整体外观质量、芦苇用量、高度、方格尺寸、倒伏情况等 5 个方面分别进行评价，形成打分表，评价得分≥80 分视为合格产品，详见表 2-11。

3. 中立式储沙沙障设计标准

中立式沙障高度为 0.8 m，芦苇把直径 3～5 cm，把与把空隙 3～4 cm，透风率控制在 40%～50%，每延米芦苇把数量不小于 13 把。立柱间横向 4 道铁丝(放置于背风侧方向)采用 12 号，芦苇把与横向 4 道铁丝固定采用 16 号铁丝，芦苇把绑扎铁丝采用 22 号。

4. 中立式储沙沙障验收标准

从整体外观质量、立柱尺寸、沙障高度、芦苇把直径、芦苇把间距、倾倒情况等 5 个方面分别进行评价，形成打分表，评价得分≥80 分视为合格产品，详见表 2-12。

5. 高立式阻沙沙障设计标准

高立式阻沙沙障高度为 1.5 m，阻沙沙障不得采用芦苇帘，仅允许采用人工绑扎芦苇把或机制芦苇束帘的方式，具体要求如下：

(1)芦苇把形式：芦苇把直径 3～5 cm，把与把空隙 3～4 cm，透风率控制在 40%～50%，每延米芦苇把数量不小于 13 把，重量不小于 4 kg。立柱间横向 6 道铁丝(放置于背风侧方向)采用 12 号，芦苇把与横向 6 道铁丝固定采用 16 号铁丝，芦苇把绑扎铁丝采用 22 号。

(2)机制芦苇束帘形式：机制芦苇束帘的每束直径约 3 cm，束与束空隙 2～3 cm，透风率控制在 40%～50%，每延米芦苇束数量不小于 17 束，重量不小于 3.5 kg。立柱间横向 6 道铁丝(放置于背风侧方向)采用 12 号，芦苇束帘与横向 6 道铁丝固定采用 16 号铁丝，芦苇束帘绑扎铁丝采用 20 号。

8 cm 钉子挂钩与横向 6 道铁丝严格固定，每处立柱采用 12 号铁丝与横向 1、3、5 道铁丝绑扎紧密，确保横向铁丝无位移。

6. 高立式阻沙沙障验收标准

从整体外观质量、立柱尺寸、沙障高度、芦苇把直径、芦苇把间距、倾倒情况等 5 个方面分别进行评价，形成打分表，评价得分≥80 分视为合格产品，详见表 2-13。

表 2-11 芦苇方格质量综合评定表

<table>
<tr><td colspan="2">工程名称</td><td colspan="8">DK + ~DK + 0.3 m芦苇方格质量综合评定表</td></tr>
<tr><td colspan="2">施工单位</td><td colspan="2"></td><td>项目负责人</td><td colspan="5"></td></tr>
<tr><td rowspan="4">类型</td><td rowspan="4">评定项目</td><td rowspan="4">评定标准</td><td rowspan="4">分值</td><td>监理单位</td><td>设计单位</td><td>建设单位</td><td>运营管理单位</td><td rowspan="4">备注</td></tr>
<tr><td>公章</td><td>公章</td><td>公章</td><td>公章</td></tr>
<tr><td>负责人</td><td>负责人</td><td>负责人</td><td>负责人</td></tr>
<tr><td></td><td></td><td></td><td></td></tr>
<tr><td rowspan="5">0.3 m高芦苇方格</td><td>整体外观质量</td><td>线条平顺、整齐、均匀、固沙效果好</td><td>50</td><td></td><td></td><td></td><td></td><td></td></tr>
<tr><td>芦苇用量</td><td>每平方米不小于2 kg</td><td>20</td><td></td><td></td><td></td><td></td><td></td></tr>
<tr><td>高度</td><td>露出地面不小于30 cm</td><td>10</td><td></td><td></td><td></td><td></td><td></td></tr>
<tr><td>方格尺寸</td><td>1 m×1 m</td><td>10</td><td></td><td></td><td></td><td></td><td></td></tr>
<tr><td>倒伏情况</td><td>基本无成片倒伏</td><td>10</td><td></td><td></td><td></td><td></td><td></td></tr>
<tr><td colspan="3">评定项目总分</td><td>100</td><td></td><td></td><td></td><td colspan="2"></td></tr>
<tr><td colspan="3">评价结论</td><td colspan="6">优良(评价得分≥90);合格(评价得分≥80);不合格(评价得分<80)</td></tr>
</table>

注:1. 未按照图纸完成施工内容的一律视为不合格。
2. 0.3 m高芦苇方格按照每3 km随机抽取1处进行评价,监理单位、设计单位、建设单位、运营管理单位分别进行打分,4家单位评定得分均≥80时,认定为合格工程。各单位打分合格后,汇总为1张质量评定表并签字盖章,形成验交成果。
3. 不合格地段提出针对性的问题,施工单位相应整改。

表 2-12 中立式储沙沙障质量综合评定表

工程名称		DK + ~DK + 0.8 m 中立式芦苇储沙沙障质量综合评定表						
施工单位				项目负责人				
类型	评定项目	评定标准	分值	监理单位	设计单位	建设单位	运营管理单位	备注
				公章	公章	公章	公章	
				负责人	负责人	负责人	负责人	
0.8 m 中立式芦苇方格沙障	整体外观质量	线条平顺、整齐、均匀、无倒伏、阻沙效果好	40					
	立柱尺寸	立柱直径≥7 cm,外露高度 0.8 m,埋深 0.5 m	20					
	沙障高度	高度 0.8 m	5					
	芦苇把直径	详见注释	10					
	芦苇把间距	详见注释	10					
	倾倒情况	基本无倒伏,能够起到阻沙作用	15					
评定项目总分			100					
评价结论			优良(评价得分≥90);合格(评价得分≥80);不合格(评价得分<80)					

注:1. 芦苇把形式:芦苇把直径 3~5 cm,把与把空隙 3~4 cm,透风率控制在 40%~50%,每延米芦苇把数量不小于 13 把。
2. 机制芦苇束帘形式:机制芦苇束帘的每束直径约 3 cm,束与束空隙约 2~3 cm,透风率控制在 40%~50%,每延米芦苇束数量不小于 17 束。
3. 未按照图纸完成施工内容的一律视为不合格。
4. 0.8 m 中立式芦苇方格沙障按照每 3 km 随机抽取 1 处进行评价,监理单位、设计单位、建设单位、运营管理单位分别进行打分,4 家单位评定得分均≥80 时,认定为合格工程。各单位打分合格后,汇总为 1 张质量评定表并签字盖章,形成验交成果。
5. 不合格地段提出针对性的问题,施工单位相应整改。

表 2-13　高立式阻沙沙障质量综合评定表

工程名称		DK　　+　　～DK　　+　　1.5 m 高立式阻沙沙障质量综合评定表						
施工单位				项目负责人				
类型	评定项目	评定标准	分值	监理单位	设计单位	建设单位	运营管理单位	备注
				公章	公章	公章	公章	
				负责人	负责人	负责人	负责人	
1.5 m 高立式阻沙沙障	整体外观质量	线条平顺、整齐、均匀、无倒伏、阻沙效果好	40					
	立柱尺寸	立柱直径≥8 cm,外露高度 1.5 m,埋深 1.0 m	20					
	沙障高度	高度 1.5 m	5					
	芦苇把直径	详见注释	10					
	芦苇把间距	详见注释	10					
	倾倒情况	基本无倒伏,能够起到阻沙作用	15					
评定项目总分			100					
评价结论			优良(评价得分≥90);合格(评价得分≥80);不合格(评价得分<80)					

注:1. 芦苇把形式:芦苇把直径 3～5 cm,把与把空隙 3～4 cm,透风率控制在 40%～50%,每延米芦苇把数量不小于 13 把。

2. 机制芦苇束帘形式:机制芦苇束帘的每束直径约 3 cm,束与束空隙约 2～3 cm,透风率控制在 40%～50%,每延米芦苇束数量不小于 17 束。

3. 未按照图纸完成施工内容的一律视为不合格。

4. 1.5 m 高立式阻沙沙障按照每 3 km 随机抽取 1 处进行评价,监理单位、设计单位、建设单位、运营管理单位分别进行打分,4 家单位评定得分均≥80 时,认定为合格工程。各单位打分合格后,汇总为 1 张质量评定表并签字盖章,形成验交成果。

5. 不合格地段提出针对性的问题,施工单位相应整改。

7. 维修通道设计标准

维修通道宽度 3.0 m,风积沙地段铺设卵、砾石土厚度 0.5 m,戈壁滩地段铺设卵、砾石土厚度 0.3 m。垂直于线路方向维修通道每隔 300 m 设置 1 道,延伸至高立式沙障外侧 10 m,采用折线形布置。

8. 维修通道验收标准

从线路平顺度、通道宽度、卵砾石土厚度、垂直线路方向便道间隔等 4 个方面分别进行评价,形成打分表,评价得分≥80 分视为合格产品,详见表 2-14。

9. 防火隔离带设计标准

防火隔离带宽度 20.0 m(含维修通道 3 m 范围),风积沙地段铺设厚度 0.1 m,戈壁滩地段不铺设,仅预留隔离区域。沿线路方向通长布置。

10. 防火隔离带验收标准

从线路平顺度、通道宽度、卵砾石土厚度等 3 个方面分别进行评价,形成打分表,评价得分≥80 分视为合格产品,详见表 2-15。

四、竣工阶段植物防护验收标准

根据《铁路工程绿化设计和施工质量控制标准(北方地区)》(Q/CR 9527—2020)第 3.6.11 条:植物建植不少于 1 个生长季,经监理单位验收合格后,建设单位应组织对绿色防护分部工程进行质量评定。评定结论为不合格时,应进行补植或返工重做。

1. 植物防护验收标准

根据和若铁路沿线地质情况,沿线可划分为风积沙区域、戈壁滩区域以及客土区域,由于不同的地质情况,植物成活率差异较大,结合规范要求及现场调查统计,拟定植物防护验收标准如下:

(1) 灌木成活率

灌木成活率按照不同的地质情况进行分类,具体如下:

①风积沙区域:成活率≥85%;

②戈壁滩区域:成活率≥70%;

③客土区域:成活率≥80%;

④灌木成活率现场记录表见表 2-16。

(2)乔木成活率

乔木基本栽植于风积沙且地下水较浅的地段,成活率≥70%。

乔木成活率现场记录表见表 2-17。

表 2-14　维修通道综合评定表

工程名称		DK　　＋　　～DK　　＋　　维修通道综合评定表						
施工单位				项目负责人				
类型	评定项目	评定标准	分值	监理单位	设计单位	建设单位	运营管理单位	备注
				公章	公章	公章	公章	
				负责人	负责人	负责人	负责人	
维修通道	线路平顺度	线形平顺、车辆能够顺利通行	30					
	通道宽度	路面宽度 3.0 m	10					
	卵砾石土厚度	戈壁滩区域为 0.3 m，风积沙区域为 0.5 m。	40					
	垂直线路方向便道间隔	300 m 左右设置 1 道	20					
评定项目总分			100					
评价结论			优良（评价得分≥90）；合格（评价得分≥80）；不合格（评价得分＜80）					

注：1. 未按照图纸完成施工内容的一律视为不合格。

2. 维修通道按照每 3 km 随机抽取 1 处进行评价，监理单位、设计单位、建设单位、运营管理单位分别进行打分，4 家单位评定得分均≥80 时，认定为合格工程。各单位打分合格后，汇总为 1 张质量评定表并签字盖章，形成验交成果。

3. 不合格地段提出针对性的问题，施工单位相应整改。

表 2-15　防火隔离带综合评定表

工程名称		DK　　＋　　～DK　　＋　　防火隔离带综合评定表						
施工单位				项目负责人				
类型	评定项目	评定标准	分值	监理单位	设计单位	建设单位	运营管理单位	备注
				公章	公章	公章	公章	
				负责人	负责人	负责人	负责人	
防火隔离带	线路平顺度	线形平顺，外侧 0.3 m 高芦苇方格基本与坡脚保持一致距离，不出现参差不齐的情况，沿线路通长布置	40					
	通道宽度	宽度 20.0 m（含维修通道 3.0 m）	20					
	卵砾石土厚度	戈壁滩区域不铺设，风积沙区域为 0.1 m	40					
评定项目总分			100					
评价结论			优良（评价得分≥90）；合格（评价得分≥80）；不合格（评价得分<80）					

注：1. 未按照图纸完成施工内容的一律视为不合格。

2. 防火隔离带按照每 3 km 随机抽取 1 处进行评价，监理单位、设计单位、建设单位、运营管理单位分别进行打分，4 家单位评定得分均≥80 时，认定为合格工程。各单位打分合格后，汇总为 1 张质量评定表并签字盖章，形成验交成果。

3. 不合格地段提出针对性的问题，施工单位相应整改。

表 2-16　灌木成活率现场记录表

标段	抽查范围				地质类型	林带位置	抽检数量/棵	成活数量/棵	备注
	起点里程	终点里程	侧别	长度/m					
			左侧		1. 风积沙区域 2. 戈壁滩区域 3. 客土区域	第 1 排任一毛管	100		
						第 2 排任一毛管	100		
						第 3 排任一毛管	100		
						第 4 排任一毛管	100		
						第 5 排任一毛管	100		
						第 6 排任一毛管	100		
						第 7 排任一毛管	100		
						第 8 排任一毛管	100		
			右侧			第 1 排任一毛管	100		
						第 2 排任一毛管	100		
						第 3 排任一毛管	100		
						第 4 排任一毛管	100		
						第 5 排任一毛管	100		
						第 6 排任一毛管	100		
						第 7 排任一毛管	100		
						第 8 排任一毛管	100		
检查人：					监督人：		检查日期：　年　月　日		

注：1. 随机指定检查段落，统计植物成活率。
2. 具体要求：①植株高度小于 10 cm 的不纳入成活率。②每个坑穴处不论成活几棵苗木，只计列 1 棵。③植物栽植区域的灌、乔木均纳入统计范围。
3. 检查人：监理单位和互评施工单位；监督人：运营管理单位、建设单位及设计单位。
4. 现场填写表格时应工整，不得涂改。
5. 最终统计结果汇入“植物防护成活率综合评定表”。

表 2-17 乔木成活率现场记录表

标段	抽查范围				地质类型	毛管位置	抽检数量（棵）	成活数量（棵）	备注
	起点里程	终点里程	侧别	长度/m					
			左侧		风积沙区域	乔木带内侧	100		
						乔木带中间	100		
						乔木带外侧	100		
			右侧			乔木带内侧	100		
						乔木带中间	100		
						乔木带外侧	100		
检查人：				监督人：		检查日期： 年 月 日			

注：1. 随机指定检查段落，统计植物成活率。
2. 具体要求：①植株高度小于 10 cm 的不纳入成活率。②每个坑穴处不论成活几棵苗木，只计列 1 棵。③植物栽植区域的灌、乔木均纳入统计范围。
3. 检查人：监理单位和互评施工单位；监督人：运营管理单位、建设单位及设计单位。
4. 其他：现场填写表格时应工整，不得涂改。
5. 最终统计结果汇入“植物防护成活率及长势评定表”。

(8)植物防护成活率综合评定表(表 2-18～表 2-21)

表 2-18　植物防护成活率综合评定表(风积沙区域,有乔木地段)

<table>
<tr><td colspan="2">工程名称</td><td colspan="8">DK　　　+　　　水源井植物防护成活率质量评定表</td></tr>
<tr><td colspan="2">施工单位</td><td colspan="3"></td><td>项目负责人</td><td colspan="4"></td></tr>
<tr><td rowspan="4">类型</td><td rowspan="4">评定项目</td><td rowspan="4">地质类型</td><td rowspan="4">评定标准</td><td rowspan="4">现场实际</td><td>监理单位</td><td>设计单位</td><td>建设单位</td><td>运营管理单位</td><td rowspan="4">备注</td></tr>
<tr><td>公章</td><td>公章</td><td>公章</td><td>公章</td></tr>
<tr><td>负责人</td><td>负责人</td><td>负责人</td><td>负责人</td></tr>
<tr><td></td><td></td><td></td><td></td></tr>
<tr><td>灌木</td><td>成活率</td><td rowspan="2">风积沙区域</td><td>≥85%</td><td></td><td></td><td></td><td></td><td></td><td></td></tr>
<tr><td>乔木</td><td>成活率</td><td>≥70%</td><td></td><td></td><td></td><td></td><td></td><td></td></tr>
<tr><td colspan="3">评价结论</td><td colspan="7">成活率符合验交条件。</td></tr>
</table>

注:1. 按照每口水源井进行评价及统计,水源井合格地段认定为合格工程,监理单位、设计单位、建设单位、运营管理单位签字盖章,形成验交成果。
2. 不合格地段提出针对性的问题,施工单位相应整改。

表 2-19　植物防护成活率综合评定表(风积沙区域,无乔木地段)

<table>
<tr><td colspan="2">工程名称</td><td colspan="8">DK　　　+　　　水源井植物防护成活率质量评定表</td></tr>
<tr><td colspan="2">施工单位</td><td colspan="3"></td><td>项目负责人</td><td colspan="4"></td></tr>
<tr><td rowspan="4">类型</td><td rowspan="4">评定项目</td><td rowspan="4">地质类型</td><td rowspan="4">评定标准</td><td rowspan="4">现场实际</td><td>监理单位</td><td>设计单位</td><td>建设单位</td><td>运营管理单位</td><td rowspan="4">备注</td></tr>
<tr><td>公章</td><td>公章</td><td>公章</td><td>公章</td></tr>
<tr><td>负责人</td><td>负责人</td><td>负责人</td><td>负责人</td></tr>
<tr><td></td><td></td><td></td><td></td></tr>
<tr><td>灌木</td><td>成活率</td><td>风积沙区域</td><td>≥85%</td><td></td><td></td><td></td><td></td><td></td><td></td></tr>
<tr><td colspan="3">评价结论</td><td colspan="7">成活率符合验交条件。</td></tr>
</table>

注:1. 按照每口水源井进行评价及统计,水源井合格地段认定为合格工程,监理单位、设计单位、建设单位、运营管理单位签字盖章,形成验交成果。
2. 不合格地段提出针对性的问题,施工单位相应整改。

表 2-20　植物防护成活率综合评定表(戈壁滩区域)

工程名称		DK　　+　　水源井植物防护成活率质量评定表							
施工单位					项目负责人				
类型	评定项目	地质类型	评定标准	现场实际	监理单位	设计单位	建设单位	运营管理单位	备注
					公章	公章	公章	公章	
					负责人	负责人	负责人	负责人	
灌木	成活率	戈壁滩区域	≥70%						
评价结论			**成活率符合验交条件。**						

注:1. 按照每口水源井进行评价及统计,水源井合格地段认定为合格工程,监理单位、设计单位、建设单位、运营管理单位签字盖章,形成验交成果。
　2. 不合格地段提出针对性的问题,施工单位相应整改。

表 2-21　植物防护成活率综合评定表(客土区域)

工程名称		DK　　+　　水源井植物防护成活率质量评定表							
施工单位					项目负责人				
类型	评定项目	地质类型	评定标准	现场实际	监理单位	设计单位	建设单位	运营管理单位	备注
					公章	公章	公章	公章	
					负责人	负责人	负责人	负责人	
灌木	成活率	客土区域	≥80%						
评价结论			**成活率符合验交条件。**						

注:1. 按照每口水源井进行评价及统计,水源井合格地段认定为合格工程,监理单位、设计单位、建设单位、运营管理单位签字盖章,形成验交成果。
　2. 不合格地段提出针对性的问题,施工单位相应整改。

第五节 经验总结

一、风沙防护与主体工程同步实施

和若铁路建设借鉴以往工程经验，优化调整防沙工程的实施时机，采取“固沙”“阻沙”“输沙”等风沙治理技术，植物防沙与工程防沙相结合的工程措施，将主体工程与防沙工程同步建设，建设期就建成约 300 km 长的绿色生态屏障，消除沙子上道带来的质量安全隐患，促进区域生态微循环的改善。实现了建设过程中风积沙不上道的目标。

二、因地制宜，创新实践，建设输沙结构体系

和若铁路经过区域主要风季长达 7 个月(3～9 月)，在年输沙量超过 20 m^3 或沙丘年移动距离超过 10 m 地段，如果采用风沙路基并设置阻沙、固沙措施，建设初期成本太大，且运营阶段需要多次重建，铁路的运营安全也难以保证。因此在这些风沙严重的地段，创新思路，变“阻固”为“输导”，采取了以桥代路的设计方案，让流沙从桥下通过，从根本上解决了严重沙害地段风沙上道的问题。图 2-40 为严重风沙区域以桥代路措施。

图 2-40 和若铁路严重风沙区域以桥代路措施

三、植物防护固沙，一劳永逸解决沙害难题

风沙防护工程是一项长期艰巨的工作，只要沙漠地区干旱少雨、沙源丰富、风力强劲的特征不改变，防沙工程就看不到尽头。植物防护是一劳永逸的防沙措施，随着植物不断生长，可以持续发挥防沙作用。但受限于水源供应条件，大部分沙漠和戈壁地区不具备植物防沙条件。

和若铁路走行于昆仑山北麓、塔克拉玛干沙漠南缘，经过勘察设计阶段数百个深孔钻探勘察验证，查明了地下水赋存规律，证明线路经过区域具备较好的水量和水质条件，据此确定了植物防沙为主的防护理念。

在全线风沙路基段落，采用植物防沙路段达 285.7 km，种植梭梭、红柳、沙拐枣等耐干旱、耐盐碱苗木 1 296.1 万株，林带覆盖面积达 11.4 万亩。种植 3 年后全线植物综合成活率达到 85%以上，植株平均高度在 1.0～1.5 m，绿色长廊初具规模，为和若铁路的安全运营保驾护航。

和若铁路植物防沙效果如图 2-41 所示。

图 2-41　和若铁路植物防沙效果

四、固定沙舌、流动沙丘

由于沙舌、沙丘具有快速流动特性，植物未来得及生长就被风沙掩埋的现象时有发生，严重影响植物的整体成活率以及长势，经过实践，和若铁路采取在沙舌、流动沙丘顶部采用芦苇方格和芦苇条带进行固沙的措施获得成功，如图 2-42 所示，将沙子固至最外侧植物条带外 10 m 处，减缓了沙丘移动，保障植物成活率，明显增强了防风固沙效果，为运营安全创造了条件。

五、智能化灌溉为植物养护保驾护航

为提高植物养护效率，减少人员投入，为植物防护设置的 131 口水源井均采用智能化设备，实现人工智能自动化控制，大量减少植物防护养护人员，在日常风沙巡养过程中即可有效保障林带的成活。

图 2-42 沙舌、流动沙丘顶部采用芦苇方格和条带固沙

六、戈壁滩、盐碱地植物种植技术

为解决风沙流地段戈壁滩、盐碱地植物成活率较低的问题，创造性地使用了客土栽植、植物保水袋种植技术，使盐碱地植物成活率达到 90%以上。

七、委托当地专业机构养护植物，让植物在当地安家

绿化工程具有很强的专业性，建设阶段委托具有资质的单位进行专业种植，成活率达到 85%，但建成后的养护也是一项长期艰巨的任务；工务部门提出养护存在专业能力不足、人员缺口大、养护不及时的弱点。和若铁路治沙效果要想得以持续，必须保证建设期间耗费大量资源种植的植物继续健康生长，因此创新性地提出“植物养护属地化”思路，将防沙林按照县域委托当地园林单位进行养护，让植物在当地安家。

八、戈壁风沙流地段防沙防洪综合治理技术

戈壁风沙流地段，沙害和洪水同时威胁着线路的安全，并相互影响。一方面为了防洪设置了大量的导流工程，但洪水会冲毁导流工程以外的草方格等平面防沙设施，形成次生风险；另一方面，风沙在沟渠等处堆积，会阻断排水通路，加重防洪压力。因此风沙治理须同时兼顾防沙与防洪。

和若铁路采取了导流堤顶部设置阻沙沙障、导流堤封闭区设置储沙沙障、铁路上下游对洪水进行归槽引导等处理措施，如图 2-43～图 2-46 所示。

图 2-43 导流堤引导洪水

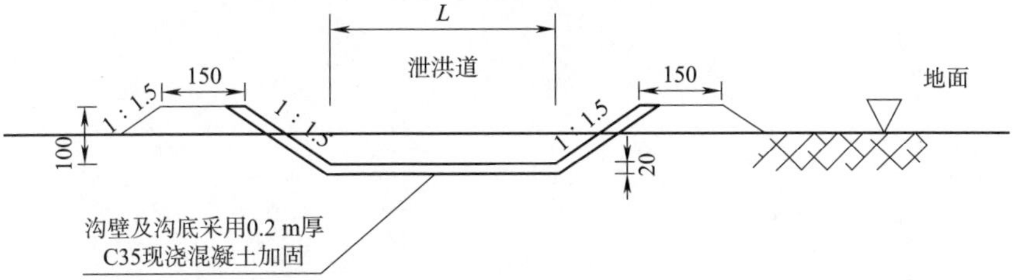

图 2-44 导流槽横断面设计(单位:cm)

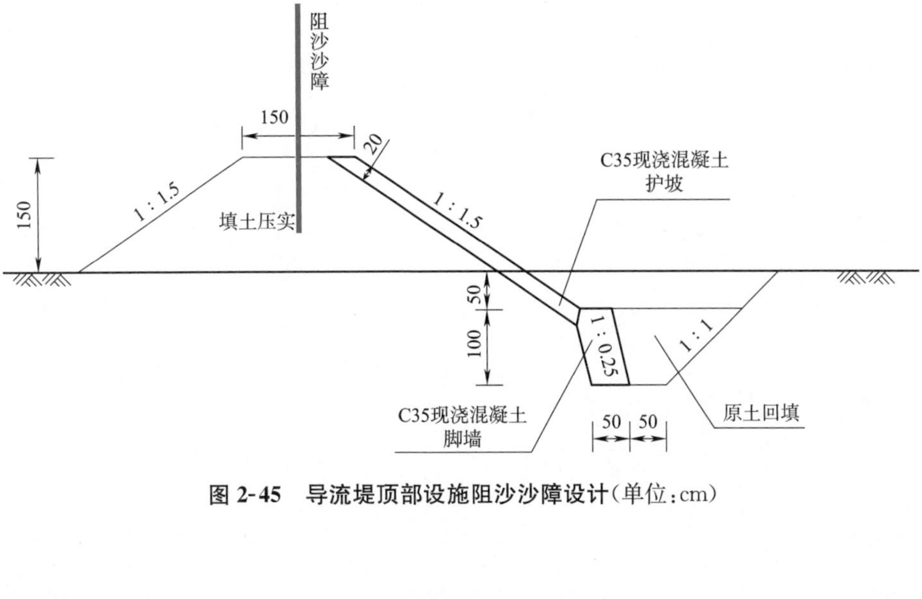

图 2-45 导流堤顶部设施阻沙沙障设计(单位:cm)

图 2-46 洪水归槽

第三章　新型列控系统综合试验

第一节　需求分析

和若铁路沿世界第二大流动沙漠(塔克拉玛干沙漠)南缘走行,沿途人烟稀少、自然环境恶劣,昼夜温差大,降雨量小、蒸发量大,属极度干旱地区。恶劣的自然条件对信号系统轨旁设备设施的可靠使用和有效维护带来挑战,需要采取先进、成熟、可靠的技术和手段,优化系统组成和配置,以提升系统的安全性、可靠性、可维护性和经济性,确保铁路运输安全,提高运输效率。

为满足和若铁路等项目的应用需求,对标我国 CTCS 列控体系中 CTCS-4 技术要求,中国国家铁路集团有限公司(以下简称国铁集团)组织主要铁路科研单位、相关铁路局、设计院、高校、国内信号设备制造单位等,共同开展了新型列控系统(CTCS-N)的方案研究、技术攻关和产品研制、规范编制、现场试验等工作。新型列控系统研发项目组织结构示意如图 3-1 所示。

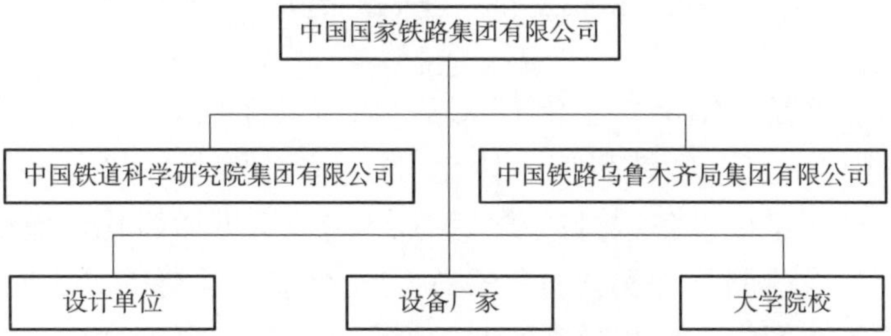

图 3-1　项目组织结构示意图

新型列控系统在技术方面,要融合北斗多源综合列车定位、移动闭塞、列车完整性自主安全检查等关键技术,具备轨旁设备简约化、车站区间一体化、设备维护智能化等优势,进一步提高信号系统的可靠性、可维护性,提升线路运输效率,保证铁路运输安全可靠。新型列控系统核心功能、关键技术及突出特点如图 3-2 所示。

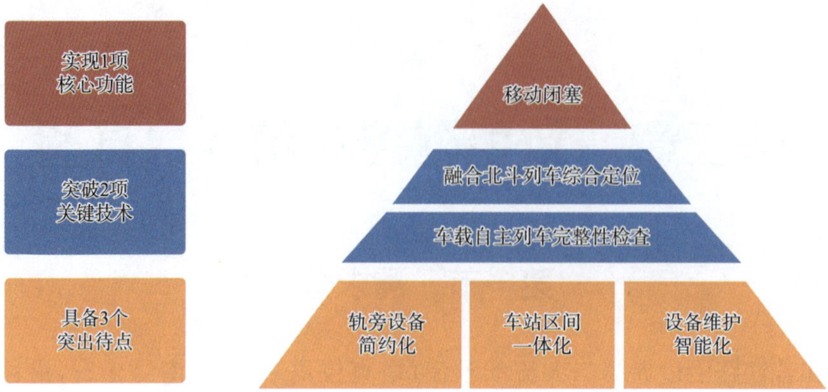

图 3-2　系统核心功能、关键技术及突出特点

结合和若铁路建设，更好统筹新型列控系统试验与运营安全，按照国铁集团新系统/产品上道使用有关规定，科学严谨地开展推进新型列控系统现场综合试验各项工作，为系统的成熟稳定与可靠运用创造有利条件。

新型列控系统于 2021 年 6 月至 2023 年 1 月，先后完成了“环行道、格库铁路、和若铁路”三阶段现场综合试验及相关功能提升工作，于 2023 年 5 月起在和若铁路全线开展试用考核，实现了新系统的工程示范应用。

第二节　系统构成

新型列控系统在继承自主化 CTCS-3 技术装备的基础上，集成了北斗定位、车一地 IP 化通信、联锁列控一体化、符合安全性要求的列尾装置等新技术、新装备，轨旁定位设备数量减少，系统组成结构更加简化。地面设备根据列车自主定位及线路条件实时计算列车间安全追踪运行的最小间隔距离，车载设备根据行车间隔许可和线路数据对列车最高运行时速和安全距离实时监控，实现移动闭塞，确保列车高效安全运行。基于北斗定位的新型列控系统总体架构如图 3-3 所示。

一、系统构成

新型列控系统主要由车载设备和地面设备构成，车载设备由车载 ATP 设备和列尾设备构成，地面设备由列控联锁一体化设备（TIS）、无线闭塞中心（RBC）、临时限速服务器（TSRS）、列控维护中心（TCMC）等构成，新型列控系

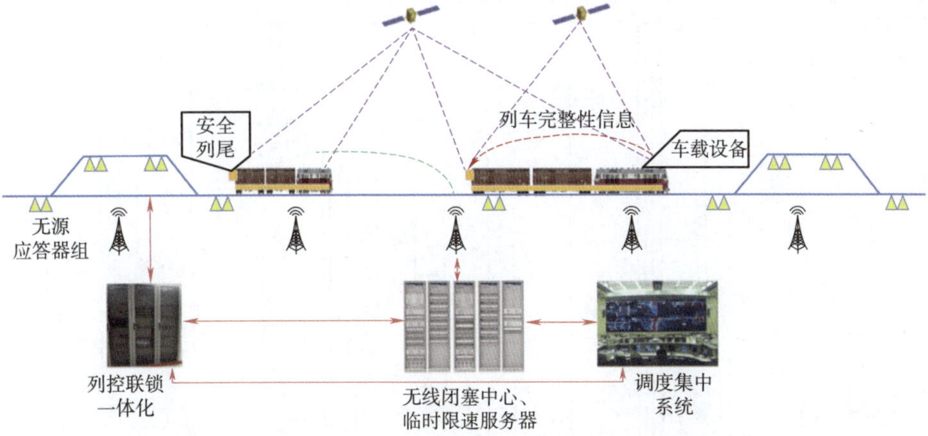

图 3-3　基于北斗定位的新型列控系统总体架构示意

统构成如图 3-4 所示。

其中列控联锁一体化设备(TIS)是新型列控系统的重要组成部分,融合了列控中心(TCC)和车站计算机联锁(CBI)设备,实现了车站联锁、区间闭塞一体化控制。列控联锁一体化通过全电子目标控制器对道岔转辙机、信号机、区间运行方向、叠加电码化等设备进行控制,全部取消了继电器。通过光纤通信和目标控制器实现对多个车站的远程控制,适应无人值守车站。列控联锁一体化设备(TIS)可根据集中联锁车站和远程控制车站进行不同的配置。集中联锁车站配置联锁安全主机、操作表示机、电务维修机和目标控制器等设备。远程控制车站配置联锁安全主机(可选)、电务维修机和目标控制器等设备,不设列控联锁一体化设备(TIS)操作表示机。仅集中联锁车站配置调度集中(CTC)车站自律机。列控联锁一体化设备(TIS)车站配置示意如图 3-5 所示。

二、系统工作原理

新型列控系统轨旁硬件结构进一步简化,不再过多依赖线路轨旁定位设备,列车和地面设备间通过 IP 化通信网络实现双向通信,地面设备根据列车自主定位位置及线路条件实时计算列车间安全追踪运行的最小间隔距离,车载设备根据行车间隔许可和线路数据对列车最高运行时速和安全距离进行实时监控,确保列车高效安全运行。

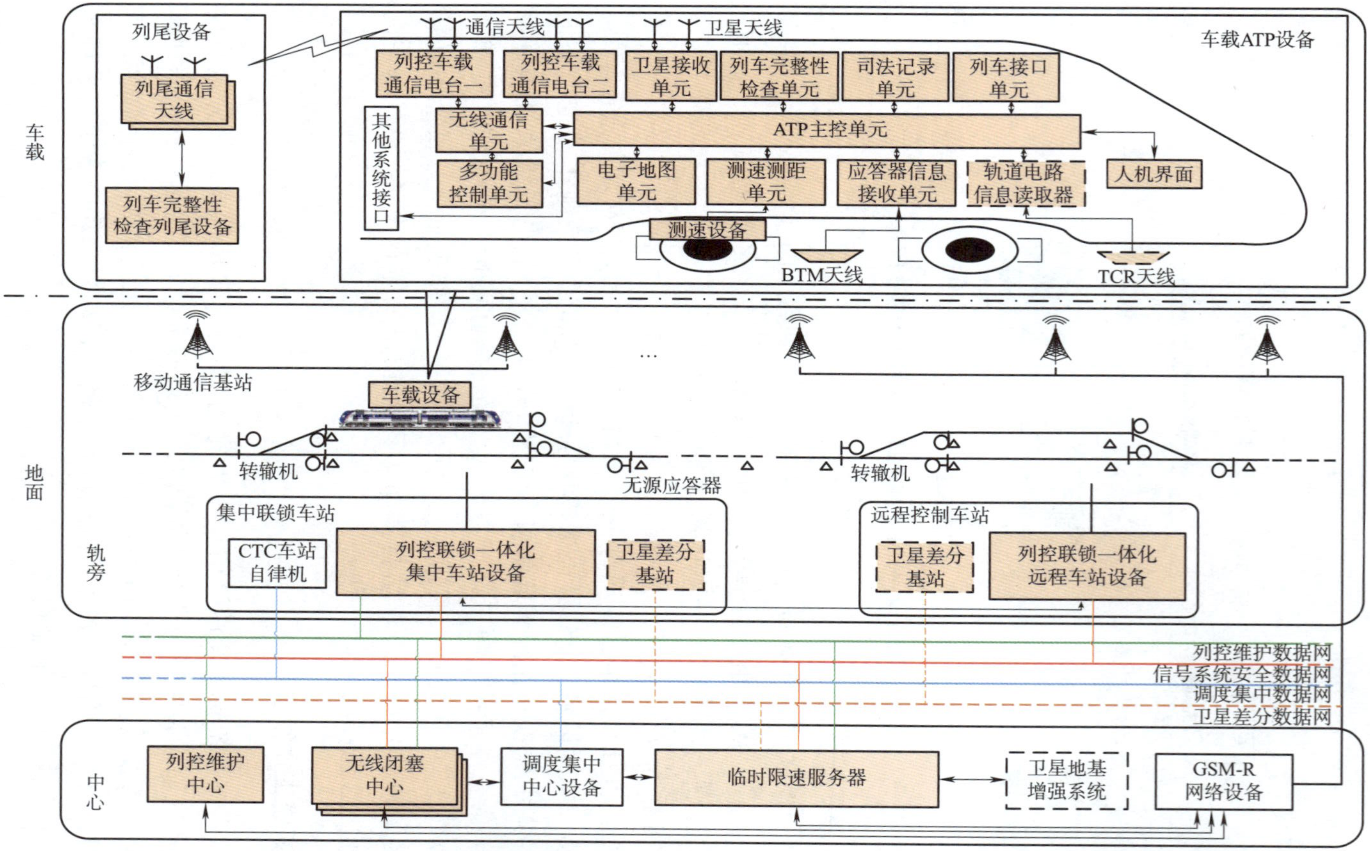

注：机车牵引列车的列控车载设备可不配置轨道电路信息接收单元及天线

图例：表示新型列控系统设备　表示新型列控系统外部设备　表示可选或预留配置　表示可选的系统外部设备

图 3-4　新型列控系统构成示意图

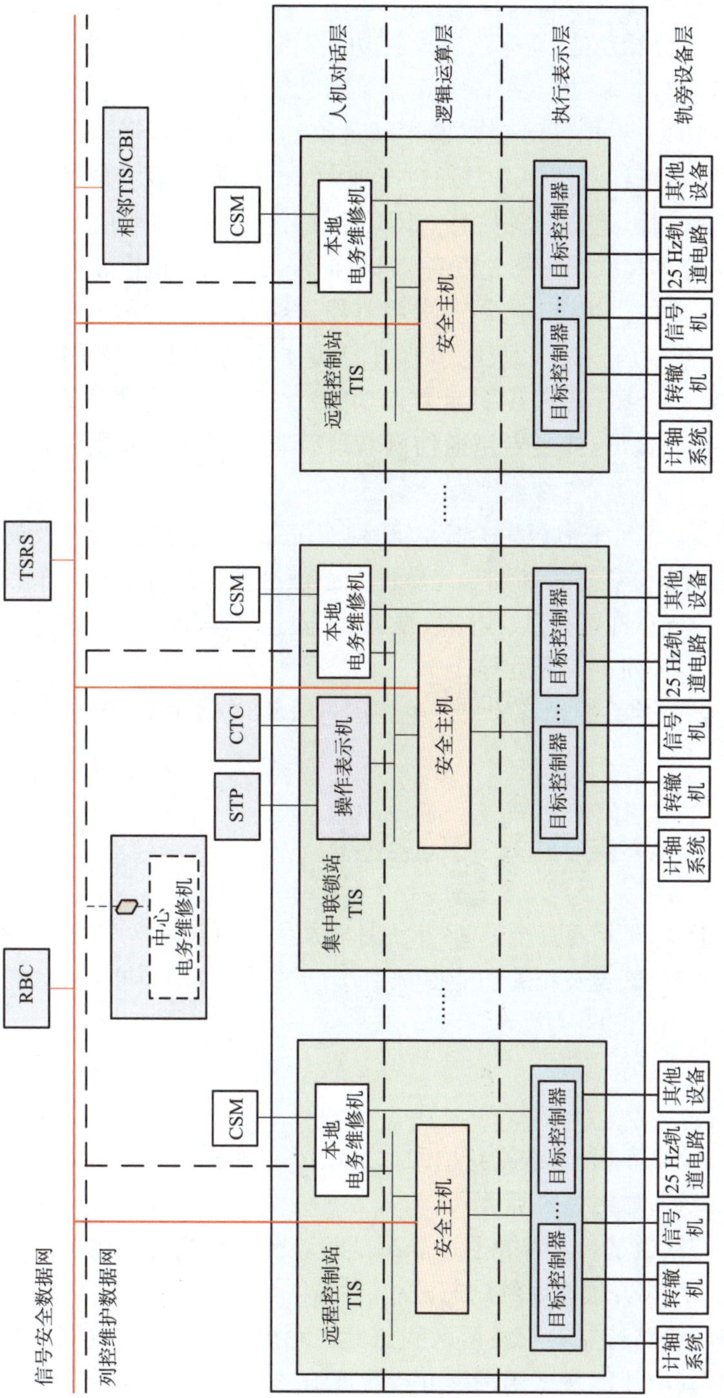

图 3-5 列控联锁一体化设备（TIS）车站配置示意图

新系统具备 IP 化车地双向通信功能、临时限速功能、冒进防护功能、列车超速防护功能、自动过分相功能、调车运行监控功能、目视行车授权、调车防护功能、自动站间闭塞运行控制功能、智能化运用维护功能等。

无线闭塞中心(RBC)根据 TIS 提供的车站进路和区间方向，管辖范围的列车位置等信息计算行车许可(MA)，并通过车地无线通信向车载设备发送行车许可、线路参数和临时限速命令等信息。RBC 通过无线通信接收管辖范围内列车位置报告，结合列控联锁一体化设备(TIS)报告的车站轨道电路或计轴状态信息判断虚拟区段的占用/出清状态，并将其发送给对应的 TIS。

TSRS 具备管辖范围内临时限速、电子地图、卫星差分等数据管理功能，IP 地址查询功能(仅特殊 TSRS 具备 IP 地址查询功能)。TSRS 可通过卫星地基增强系统获取卫星差分数据，或经专用通信网获取管辖范围内卫星差分基站产生的差分数据。

车载 ATP 设备具备列车多源融合定位和列车完整性检查功能，以及向 RBC 和 TSRS 发送列车位置报告和列车完整性状态信息功能。能根据列车参数和地面设备提供的行车许可信息、线路数据、临时限速、电子地图等，按照目标—距离模式曲线，监控列车安全运行。

TCMC 具备新型列控系统设备的状态监测信息收集、分类存储、智能分析和故障预警等功能。

第三节　试验组织

新型列控系统于 2021 年 6 月至 2023 年 1 月完成了“环行道、格库铁路、和若铁路”三阶段现场综合试验及相关功能提升工作，于 2023 年 5 月起在和若铁路全线开展试用考核。

一、总体计划制定

按照评审通过的《格库 和若铁路新型列控系统综合试验大纲》，新型列控系统试验分三阶段进行，如图 3-6 所示。

第一阶段是环行铁道试验。首先通过静态试验验证列控联锁一体化设备(TIS)功能，再利用 4A 车开展全系统动态试验。

第二阶段是格库铁路若羌等三站两区间试验。利用 HXD3C 电力机车开展全系统动态试验，其中 TIS 按试用考核方式管理。

第三阶段是和若铁路全线试验。利用 DF8B 内燃机车开展多型号设备功能性能和互通兼容试验，为新型列控系统试用考核奠定了坚实基础。

如图 3-6 所示，新型列控系统三阶段现场试验工作步步扎实为营，层层化解风险，确保新型列控系统综合试验工作安全稳妥推进。

图 3-6　新型列控系统三阶段综合试验计划示意

和若铁路综合试验是新型列控系统试验的第三个阶段，也是系统进入工程示范运用前的关键阶段，和若铁路综合试验在试验区段长度、场景的复杂度、同期参试设备厂家数量、试验列车的类型以及测试案例等多方面，较环行道、格库铁路试验有明显、全方面的提升，试验概况见表 3-1。

表 3-1　试验概况统计

	环行道	格库铁路	和若铁路
试验区段	■ 2 站 2 区间(环形) ■ 全长约 8 km	■ 3 站 2 区间(试验段) ■ 全长约 65 km	■ 22 站 21 区间(全线) ■ 全长约 825 km
试验方案	■ 5 个型号 TIS 依次试验，4 个型号 ATP、RBC 等依次试验 ■ 无互联互通测试 ■ 4A 车(动车组)	■ YH 型全套地面车载设备＋CTCSN-160T ATP 车载 ■ 2 个型号互联互通测试 ■ 2 台 HXD3C 型电力机车	■ 各型号设备 ■ 各型号设备“地—地”“车—地”互联互通 ■ 4 台 DF8B 型内燃机车
测试案例	■ ATP、TSRS、RBC、EOT 测试案例 453 个，测试序列 29 个 ■ TIS 案例 302 个	■ ATP、TSRS、RBC、EOT 测试案例 464 个，测试序列 75 个	■ ATP、TSRS、RBC、EOT 测试案例 542 个，测试序列 313 个 ■ TIS 专项测试案例 28 个

续上表

	环行道	格库铁路	和若铁路
测试场景	■ 系统功能性能	■ 系统功能性能 ■ 真实运输线路+G网	■ 系统功能性能 ■ 真实运输线路+G网 ■ 满载大列追踪运行，应急救援等实际运输场景

注：环行道试验为TIS试用考核前的现场试验，格库试验为TIS的试用考核阶段，而和若试验结合TIS静态验收和动态试验内容，补充进行了TIS专项试验。

二、主要设备部署

为确保新型列控系统综合试验高质量展开，和若铁路全线配置了不同型号的系统设备，完成设备自身及设备之间互联互通性能测试。新型列控系统主要包括地面设备、车载设备及其他配套设施。

1. 地面设备分为车站设备、中心设备和轨旁设备。

(1)车站设备主要为列控联锁一体化设备(简称TIS)，根据车站的位置、规模、作业类型，以及现场维护工作需求，新建20个车站中选择8个有客运业务的中间站为TIS集中站，其余12个为TIS远程控制车站，最多为“1带2”。

其中，若羌站TIS在格库铁路试验前已经改造完成。和田站为既有计算机联锁，经过升级改造，满足新型列控系统试验需要。

(2)中心设备包括3套RBC、4套TSRS、1套列控维护中心设备(TCMC)，集中设置在若羌中心机房。

(3)轨旁设备主要为少量无源应答器，区间按6 km间隔配置，站内在进/出站信号机前设置，完成辅助列车定位功能。

2. 车载设备，包括4套ATP和4套列车完整性列尾设备(EOT)。

3. 其他配套系统/设备。相关CTC(若羌站既有、和田站既有，其余车站新建)进行升级改造以适配新型列控系统；若羌站、瓦石峡站和义阳站各设置一套北斗地基增强系统基准站，向ATP设备提供北斗差分数据。

参与试验的设备型号及安装位置见表3-2和表3-3。

表3-2 设备型号清单表

设备名称	试验设备型号
列控联锁一体化设备(TIS)	5个型号：TIS-YH(8个站)、TIS-TH(5个站)、TIS-JD(2个站)、TIS-KA(3个站)、TIS-HS(2个站)
既有计算机联锁改造	TYJL-ADX(和田站)
无线闭塞中心(RBC)	3个型号：CTCSN-RBC-YH、CTCSN-RBC-TH、CTCSN-RBC-HS

续上表

设备名称	试验设备型号
临时限速服务器(TSRS)	4 个型号:CTCSN-TSRS-YH、CTCSN-TSRS-TH、CTCSN-TSRS-HS、CTCSN-TSRS-KA
车载 ATP 设备	4 个型号:CTCSN-160C、CTCSN-160T、CTCSN-160H、CTCSN-160K
列车完整性检查设备(EOT)	3 个型号:CTCSN-EOT-C、CTCSN-EOT-T、CTCSN-EOT-J
列控维护中心设备(TCMC)	TCMC-YH

表 3-3 新型列控系统主要设备配置和管辖范围情况

<table>
<tr><th>序号</th><th>车站名称</th><th>TIS 型号</th><th>RBC 型号及管辖范围</th><th>TSRS 型号及电子地图管辖范围</th><th>TSRS 型号及临时限速管辖范围</th><th>CTC</th></tr>
<tr><td>1</td><td>和田
(既有 CBI)</td><td>TIS-YH</td><td rowspan="8">RBC-HZ</td><td rowspan="8">TSRS-HS</td><td>TSRS-HS</td><td>CTC-1</td></tr>
<tr><td>2</td><td>和田东</td><td rowspan="2">TIS-JD</td><td rowspan="7">TSRS-KA</td><td rowspan="20">CTC-2</td></tr>
<tr><td>3</td><td>洛浦</td></tr>
<tr><td>4</td><td>洛浦东</td><td rowspan="3">TIS-KA</td></tr>
<tr><td>5</td><td>策勒</td></tr>
<tr><td>6</td><td>玉泉镇</td></tr>
<tr><td>7</td><td>于田</td><td rowspan="2">TIS-HS</td></tr>
<tr><td>8</td><td>玫瑰园</td></tr>
<tr><td>9</td><td>民丰</td><td rowspan="5">TIS-TH</td><td rowspan="7">RBC-TZ</td><td rowspan="2">TSRS-KA</td><td rowspan="13">TSRS-TH2</td></tr>
<tr><td>10</td><td>兰城</td></tr>
<tr><td>11</td><td>托帕克</td><td rowspan="5">TSRS-TH2</td></tr>
<tr><td>12</td><td>南屯</td></tr>
<tr><td>13</td><td>喀拉米兰</td></tr>
<tr><td>14</td><td>萨勒瓦敦</td><td rowspan="9">TIS-YH</td></tr>
<tr><td>15</td><td>金山</td></tr>
<tr><td>16</td><td>且末</td><td rowspan="7">RBC-2-YH</td><td rowspan="7">TSRS-YH</td></tr>
<tr><td>17</td><td>阿克吐孜</td></tr>
<tr><td>18</td><td>五苇场</td></tr>
<tr><td>19</td><td>塔什萨依</td></tr>
<tr><td>20</td><td>瓦石峡</td></tr>
<tr><td>21</td><td>义阳</td></tr>
<tr><td>22</td><td>若羌</td><td>TSRS-YH</td><td>CTC-3</td></tr>
</table>

三、试验过程

和若铁路的全线试验分为逐站静态测试和全线拉通动态测试两个阶段。逐站静态测试主要对列控联锁一体化设备（TIS）相关功能进行试验验证，确保车站联锁关系正确安全，而全线拉通动态测试采用车载 ATP 控制机车全线运行，测试验证系统的各项功能及性能。

按照计划安排，在 2022 年 4 月至 5 月间开展各项测试工作。首先开展列控联锁一体化设备（TIS）基本功能试验，针对不同型号的 TIS 设备，共完成 28 个 TIS 专项静态测试案例、514 个系统动态测试案例和 69 个 CTC 测试案例。在此基础上，进行全线拉通动态测试，测试案例总数达到 1 843 个，完成了 313 个序列测试，测试里程达到 29 678 km。具体测试过程如下：

2022 年 2 月 27 日，结合和若铁路静态验收，完成了 1 个 TIS 主站带 5 个分站的功能试验。

2022 年 4 月 6 日，和若铁路新型列控系统综合试验正式启动。

2022 年 4 月 7 日至 2022 年 4 月 9 日，开展和若铁路新型列控系统厂家自测试。

2022 年 4 月 10 日至 2022 年 4 月 18 日，开展新型列控系统非追踪功能试验，期间 CTC 适配性功能、IP 查询服务功能、列控维护中心功能、GPRS 无线通信网络承载新型列控系统信息传输时延、成功率等相关指标测试同步开展试验。

2022 年 4 月 19 日至 2022 年 5 月 1 日，在不同型号 RBC 管辖范围内，利用不同型号的 ATP，开展列控基本功能、注册与启动、注销、行车许可、临时限速、RBC 切换、TSRS 切换、调车作业、故障处理等场景测试，移动闭塞和虚拟闭塞制式下新型列控系统追踪功能测试，同步试验 CTC 适配性功能。

2022 年 5 月 2 日至 2022 年 5 月 9 日，完成了新型列控系统关键性能指标测试，包括 60 km/h、100 km/h 两个不同速度级、不同组合条件下的定位精度测试；完成了基于新型列控系统的救援模拟演练。

2022 年 5 月 10 日至 2022 年 5 月 11 日，完成了牵引重装和空载货物列车的场景试验。

2022 年 5 月 12 日至 2022 年 5 月 13 日，补测复测，总结收尾，和若铁路系统动态试验全部完成。

2022 年 5 月 14 日，完成各型号 TIS 设备专项补充案例测试。

四、主要试验内容

根据《格库 和若铁路新型列控系统综合试验大纲》和《和若线新型列控系统综合试验实施方案》，以及和若铁路现场运输实际需求，和若铁路新型列控系统综合试验重点对融合北斗的列车综合定位功能、各设备功能和性能、各子系统间接口，既有联锁适配接口功能、CTC 系统与新型列控系统适配功能、实际运输和应急救援场景等内容进行了全面试验验证，主要试验内容如下：

1. 列控基础功能试验

试验验证列车注册与启动、注销、运行、停车、行车许可、临时限速等列车运行控制基本功能。

2. 列车完整性检查功能

(1)试验验证车载 ATP 与列尾设备之间的无线通信功能，测试通信时延、传输正确率等。

(2)试验验证列首和列尾位置、速度和风压等信息的比较功能。

(3)在通信超时等故障情况下，试验验证列车完整性检查安全逻辑功能。

(4)列尾设备的关键性能指标测试。

3. 移动闭塞/虚拟自动闭塞功能

(1)试验验证两列车在区间移动闭塞/虚拟自动闭塞模式下的追踪运行功能，即在区间追踪的两列车，后续列车的移动授权随前行列车的位置移动而变化，试验列车正常追踪运行功能。

(2)测试前行列车发生故障时，RBC 对该区域的封锁功能。

4. 后备模式功能

(1)试验验证当列控系统设备故障(车—地通信中断、列车完整性丢失、列车位置丢失、地面或车载设备故障等)时，按照自动站间闭塞方式依靠地面信号显示运行的功能。

(2)测试在列控系统监控下的车站调车功能。

(3)测试车—地通信故障或列控地面设备故障，车载设备定位正常且具备电子地图数据时，车载设备按照后备监控模式(BS)运行功能。

(4)测试站间闭塞和移动闭塞转换功能，按照移动闭塞方式运行时车站接、发车和预告等信号机灭灯，按照站间闭塞方式运行时车站接、发车信号机点灯。

5. GSM-R/GPRS 网络承载新型列控系统车—地信息传输功能

(1)试验验证 GSM-R/GPRS 无线通信网络承载新型列控系统车载 ATP

与 RBC、ATP 与 TSRS 的数据传输功能，传输的信息包括列车位置报告、MA、线路数据、临时限速、电子地图、卫星差分和列尾的风压、位置、速度等信息。

(2)测试 GSM-R/GPRS 无线通信网络承载新型列控系统信息传输时延、成功率等相关指标。

(3)单基站故障后对新型列控系统工作的影响。

6. 差分基站数据传输功能

试验验证 TSRS 接收试验段内差分基站的差分信息功能，TSRS 能够根据车载设备发送的位置报告向列车发送相应的差分数据。

7. 融合北斗的列车综合定位功能

(1)试验验证电子地图数据上传功能，车载设备与 TSRS 建立通信连接后，车载设备与 TSRS 比较电子地图数据版本，版本不一致时从 TSRS 下载最新版电子地图数据。

(2)试验验证列车综合定位功能，验证融合北斗、车轮速度传感器、应答器、差分等多源信息的列车综合定位功能。

(3)试验验证北斗、应答器信息、速度传感器、差分信息等不同条件组合下列车的定位精度，精度包括绝对误差和相对误差(相对误差＝绝对误差÷列车走行中两组应答器的间距)。

8. 接口功能测试

(1)ATP 与机车

ATP 与机车的接口测试，包括 ATP 从机车采集的状态信息和向机车输出的操作命令。

(2)RBC 与 TIS

测试 TIS 发送给 RBC 的进路类型、进路状态等信息和接收 RBC 的列车状态、行车许可状态、列车位置等信息接口功能。

(3)RBC 与 CTC

测试 CTC 发给 RBC 的连接命令、状态请求、紧急停车等命令，接收 RBC 的连接状态、列车状态信息等接口功能。

(4)TSRS 与 RBC

测试 TSRS 与 RBC 临时限速相关接口功能，以及 TSRS 向 RBC 发送最新的电子地图版本信息。

(5)TSRS 与 CTC

测试在接口通信正常和异常情况下，CTC 发送 TSR 拟定、验证、执行、删除等命令和接收 TSRS 状态、回执等信息。

(6)TSRS 与北斗地基增强系统

结合差分数据传输测试 TSRS 与北斗地基增强系统的接口功能。

9. 故障插入试验

(1)模拟列控系统各种单一故障时,列控系统能够正常工作的能力。

(2)模拟无线通信中断、列车丢失完整性及列控系统设备故障等故障插入试验。

10. CTC 系统与新型列控系统适配功能试验

针对 CTC 系统与新型列控系统相关功能及接口开展试验,主要内容如下:

(1)虚拟区段显示

测试调度集中系统中区段的空闲、占用、故障占用状态的显示。

(2)列车状态显示

测试调度集中系统列车位置、速度等状态显示功能,应与 RBC 系统保持一致。

(3)车次跟踪

测试虚拟区段车次跟踪功能,验证列车的车次号在占用区段上的正确显示。

(4)进路触发

测试 CTC 系统在自动闭塞/移动闭塞制式下,可向区间排列多趟列车的功能;在站间闭塞制式下,仅可向区间排列一趟列车的功能。

(5)虚拟区段操作

测试在调度集中系统人工确认虚拟区段命令的功能;测试在调度集中系统人工确认列车端头轨道空闲命令的功能。

11. TIS 远程车站控制功能试验及专项试验

试验验证通过集中联锁车站 TIS 对远程控制车站的控制功能(1 个集中联锁车站带 5 个远程控制车站,其中,瓦石峡站为主控站,义阳、塔什萨依、五苇场、阿克吐孜、且末 5 站分别为被控站),实现对远程车站道岔、信号机等轨旁设备、排列进路等功能。

在静态验收和动态综合试验的基础上,对和若铁路 TIS 系统进行补充专项测试。

12. 既有联锁适配接口试验

对既有联锁车站与新型列控系统相关接口功能进行试验。

13. 实际运输和应急救援场景试验

对大列货物列车分别进行空重载追踪运行、越行通过、大坡道停起、引导接发车及应急救援等实际运输场景试验。期间，中国铁路乌鲁木齐局集团有限公司(以下简称乌鲁木齐局集团公司)设备运用维护部门、单位对新型列控系统的相关功能和操作显示提出了14项优化建议和44项差异项，均在后续试验过程进行了修改并通过试验验证。

2022年6月16日，列控联锁一体化设备(TIS)的联锁、电码化、半自动闭塞、自动站间闭塞功能随和若全线开通使用。

按照国铁集团《和若铁路新型列控系统功能提升工作专题会会议纪要》要求，课题开展了新型列控系统16项新功能需求的提升工作，经过方案研究、评审及履行相关设备软硬件变更程序后，2022年12月完成了系统相关功能提升的现场试验验证。

2023年2月，和若铁路新型列控系统通过了试用评审。

图3-7～图3-10为试验场景的实景。

图3-7　单列车开展新型列控系统试验

图3-8　北斗差分服务器天线

(a) 司机驾驶（背面）　　(b) 司机驾驶（侧面）

图3-9　司机驾驶机车(安装ATP车载设备)

图 3-10　3 列车进行移动闭塞追踪运行试验

第四节　综合试验工作推进大事记

和若铁路新型列控系统综合试验开创了信号新系统结合工程建设进行试验的先例，对于工程建设的进度、质量、安全、经济性以及运输安全、运输效率等方面都有较大影响，因此，从项目决策、立项、技术条件制定、产品研发、试验等各环节都严格按程序推进。有关试验工作的里程碑事件具体如下：

(1)2019 年 12 月起，国铁集团启动新型列控系统现场综合试验研究工作，开展方案论证研究。

(2)2020 年 3 月，国铁集团技术委员会第 25 次会议原则同意在格库铁路开展新型列控系统综合试验。

(3)2020 年 12 月，国铁集团有关会议听取并原则同意科信部关于“格库 和若铁路新型列控系统综合试验建议方案”的汇报，要求在确保安全的前提下，对各种运营场景做的全覆盖试验。同日，组织对“格库 和若铁路新型列控系统综合试验建议方案”进行了审议，同意试验建议方案，要求科信部、工电部牵头负责，指导中国铁道科学研究院集团有限公司(以下简称铁科院)、乌鲁木齐局集团公司在确保安全前提下，按程序组织开展新型列控系统综合试验，确保取得实效。

(4)2020 年 12 月，《格库 和若铁路新型列控系统综合试验》大纲通过国铁集团科信部组织的专家审查，于 2021 年 1 月正式发文批复(科信基函〔2021〕4 号)。

(5)2021 年 1 月至 5 月，各型号的列控联锁一体化设备(TIS)通过国铁集团组织的试验评审，具备了在环行道开展试验条件。

(6)2021 年 6 月、7 月，各型号的列控联锁一体化设备(TIS)完成了环行道试验，通过了国铁集团的试验报告评审。其中 TIS-YH 型通过国铁集团组织的试用评审，具备了在格库铁路开展试用条件。

(7)2021 年 9 月至 11 月，各型号新型列控系统的 ATP、RBC、TSRS、EOT 等主要设备分别通过国铁集团组织的试验评审，具备了在环行道开展试验的条件。

(8)2021 年 10 月，格库三站两区间(琼吐尔—若羌—阿克塔什)开展新型列控系统综合试验，三站既有联锁停用，TIS 代替联锁使用至今。

(9)2021 年 11 月，TIS-YH 型列控系统完成环行道阶段试验，《铁科院新型列控系统环行道试验报告》和《新型列控系统格库铁路试验车载设备安装要求和接口协议(HXD3C 型机车)》先后通过了国铁集团组织的专家评审。

(10)2021 年 12 月，《新建和田至若羌铁路联锁制式Ⅰ类变更设计》(铁鉴函〔2021〕503 号)批复。

(11)2021 年 12 月至 2022 年 1 月，新型列控系统完成了在格库铁路试验段的综合试验，2 月 24 日《新型列控系统格库铁路综合试验报告》通过了国铁集团组织的专家评审。

(12)2022 年 2 月，TIS-TH、TIS-HS、TIS-KA 等型号的新型列控系统完成环行道阶段试验，试验报告通过了国铁集团组织的专家评审。

(13)2022 年 4 月至 5 月，新型列控系统完成了在和若铁路全线的综合试验，5 月 17 日《新型列控系统和若铁路综合试验报告》通过了国铁集团组织的专家评审。

(14)2022 年 5 月，TIS-TH、TIS-HS、TIS-KA 等型号的 TIS 设备通过了国铁集团组织的试用评审。

(15)2022 年 6 月，国铁集团召开新型列控系统功能提升工作专题会(《和若铁路新型列控系统功能提升工作专题会会议纪要 2022 年〔6 月 8 日〕》)，对运维部门提出的功能提升建议，进行安排部署。

(16)2022 年 9 月，各厂家新型列控系统功能提升相关设备软件变更通过了国铁集团组织的评审。

(17)2022 年 10 月，新修编的新型列控系统 9 项标准性技术文件通过国铁集团组织的审查并发布执行。

(18)2022 年 12 月至 2023 年 1 月，乌鲁木齐局集团公司牵头组织，铁科院技术负责，完成了新型列控系统功能提升现场测试工作。

(19)2023 年 2 月，国铁集团发布了各型号新型列控系统 ATP、RBC、TSRS、EOT 等设备通过试用评审的通知，新型列控系统具备了在和若铁路试用考核的条件。

(20)2023 年 3 月，《新建和田至若羌铁路新增新型列控系统(不含 TIS)Ⅰ类变更设计》(铁鉴函〔2023〕91 号)批复。

(21)2023 年 3 月，各厂家新型列控系统 ATP 车载设备与机车紧急制动接口变更(硬件一般)通过了国铁集团组织的评审。

(22)2023 年 4 月，乌鲁木齐局集团公司组织完成和若铁路新型列控系统的工程静、动态验收等工作。

(23)2023 年 5 月 10 日，新型列控系统在和若铁路全线启动试用考核。

第五节　勘察设计

根据项目初步设计批复，和若铁路施工图设计按照单线自动站间闭塞标准，信号系统采用基于 LKJ 和机车信号的 CTCS-0 级等技术标准开展。在国铁集团确定新型列控系统综合试验整体计划后，为适应在和若铁路全线开展综合试验及进行工程示范应用，结合新型列控系统装备研制进度，分别按照联锁制式变更和新增新型列控系统变更先后开展两次变更设计，解决了工程施组与试验之间的矛盾，确保工程和试验的顺利进行。

一、设计过程简述

2018 年 11 月，新建和田至若羌铁路完成初步设计批复。2019 年 2 月完成施工图设计，信号系统按照单线自动站间闭塞标准，采用基于 LKJ 和机车信号的 CTCS-0 级方案。2019 年 4 月完成施工招标，同年 7 月正式开工建设。

2020 年 12 月，国铁集团科信部组织对《格库 和若铁路新型列控系统综合试验》试验大纲进行审查评审，科信基函〔2021〕4 号下发，要求在和若铁路全线 825 km 区段的 22 个车站(包括和田站和若羌站)开展新型列控系统工程示范应用，主要完成系统全功能试验以及多厂家设备互联互通等综合试验。

为统筹做好和若铁路建设进度和试验需求，结合新产品研发进展，和若铁路工程设计分两个阶段开展变更设计。

第一阶段，2021 年 7 月，基于列控联锁一体化设备（TIS）通过国铁集团组织的试用评审，具备上道试用条件，开展了《新建和田至若羌铁路联锁制式Ⅰ类变更设计》，将新建的 20 个车站的联锁设备由原计算机联锁设备变更为列控联锁一体化设备（TIS）。2022 年 6 月，和若铁路按照 CTCS-0 级列控系统开通运营，区间采用自动站间闭塞，同步开展列控联锁一体化设备（TIS）的试用。

第二阶段，2023 年 2 月，新型列控系统主要设备 ATP、RBC、TSRS、EOT 等均通过试用评审。2023 年 3 月，国铁集团批复《新建和田至若羌铁路新增新型列控系统（不含 TIS）Ⅰ类变更设计》。

2023 年 5 月，和若铁路新型列控系统全部开通运营，同步，新型列控系统在和若铁路全线开展试用考核。

二、信号系统设计变更

如前所述，为满足和若铁路全线开展新型列控系统综合试验及进行工程示范应用，和若铁路信号系统在原 CTCS-0 级列控系统方案基础上进行了适应性变更。

列控系统方面，地面增加无线闭塞中心（RBC）、临时限速服务器（TSRS）、列控维护中心、差分站、应答器等设备，增加信号安全数据网，车载增加新型列控系统 ATP 系统和安全列尾设备，防护列车安全运行。通过电子地图和虚拟应答器技术，实现动态获取并更新线路数据，使应答器布设数量大量减少。

车站联锁方面，车站由原计算机联锁修改为列控联锁一体化设备（TIS），采用冗余配置的全电子执行单元替代传统继电器。在新建的 20 个车站中选择了 8 个具备客运业务的中间站作为主控站，另外 12 个车站作为远程控制车站，实现“大站带小站”的区域联锁控制功能。

闭塞方面，采用了自动站间闭塞、自动闭塞和移动闭塞等多种闭塞制式，通过闭塞制式切换实现装配 LKJ 的列车与装配新型列控系统 ATP 列车的混合运行，并满足列控车载降级后安全运行。

行车调度方面，在调度中心新增与 RBC、TSRS 相对应的接口服务器和网络设备，具备 CTC 设置并通过 TSRS 下发临时限速命令的功能。车站层面，仅在主控站设置 CTC 站机，取消被控站 CTC 站机。

三、信号系统特殊设计

为满足新型列控系统试验需求，和若铁路信号系统在以下几个方面进行了特殊设计。

1. 多种闭塞制式切换控制

设计了自动站间闭塞、自动闭塞和移动闭塞等多种闭塞制式，在满足相关条件时，可以由人工在 TIS 操作表示机、CTC 车站车务终端或 CTC 中心行调台上办理。移动闭塞和自动闭塞制式的切换以 RBC 控制范围为基本单位，在对应的 CTC 调度中心进行切换操作。

2. 列车信号机点灯、灭灯控制

为了满足装配 LKJ 的列车与装配 ATP 列车共线运行，按照区间闭塞制式控制信号机点灯和灭灯。信号机常态亮灯。在"站间闭塞"模式下排列的接发车进路时，进路上的列车信号机亮灯。在移动闭塞或自动闭塞模式下排列的接发车进路时，并且对应的进路已经建立，进路上的列车信号机灭灯。

3. 接近锁闭区段设计

新型列控系统基于无线通信传输车地信息，车站接近锁闭区段长度和延时解锁时间应考虑最大允许通信中断时间内的列车走行距离。和若线实体接近区段长度为 1 200 m，利用虚拟区段来延长接近锁闭区段的长度。办理接车进路时，仅装配 LKJ 的列车，维持原有的接近锁闭区段不变；装配 ATP 的列车，在实体接近区段的基础上增加 3 个虚拟闭塞分区作为接近锁闭区段。和田东至和田仅有站间闭塞模式，未划分虚拟区段，采用压入区间即构成接近锁闭的方案。

4. 接近区段预发码设计

TIS 采用全电子模块实现了传统的电码化编码和传递电路的功能，电子模块的处理过程包括轨道模块采集、逻辑运算处理、电码化接口模块控制等，导致机车信号收到电码化移频信息会存在一定延时。为解决接近区段电码化信息延时问题，在自动站间闭塞模式下，当闭塞办理完成后，接车指示灯为绿灯或红灯，且 QGJ 落下，接近区段即开始发码；在移动闭塞/虚拟自动闭塞模式下，接近区段采用占用发码；侧线接车股道在办理接车进路（包括引导接车）后，当列车行驶至接车进路内与股道相邻的区段并且该区段被占用时，股道开始发码。

5. 安全数据网采用远距离中继器

按照《铁路信号安全数据网》（TB/T 3547—2019）要求，连接相邻交换机的光纤长度不宜超过 70 km，大于 70 km 时，应增加中继器。和若线站间距较大，按照规范要求则存在多个左网和右网的中继器需设置在同一个车站的情况，此时若该车站信号电源断电，则安全数据网出现断点，会影响全线设备的正常通信。为解决该问题,和若线最终采用远距离交换机/中继器(连接相邻交换机的光纤长度不超过 120 km),和若线远距离中继器设置示意如图 3-11 所示。

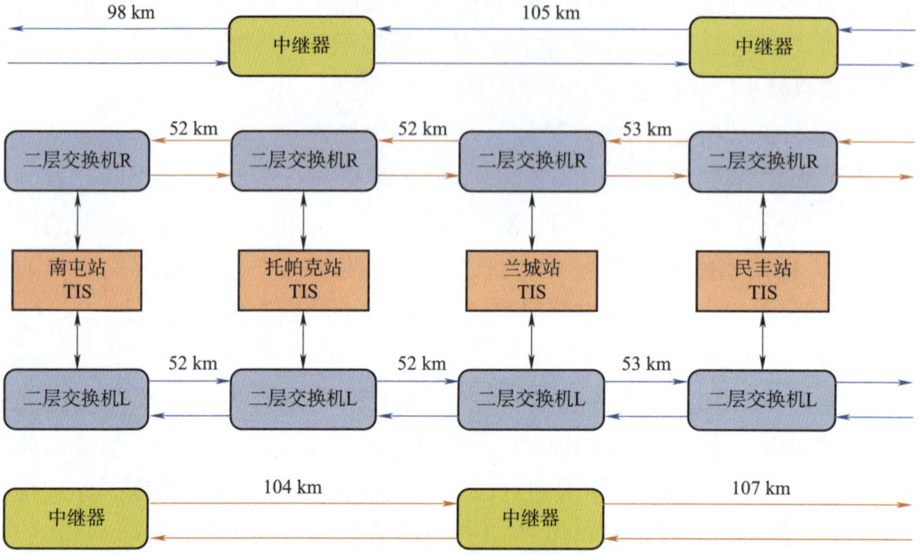

图 3-11　和若线远距离中继器设置示意图

6. 增加电子地图相关设计

新型列控系统使用的轨道电子地图,是涵盖车站、轨道区段、道岔、应答器及 RBC、TSRS 有关信息的数据集,为列车定位、计算动态监控曲线提供基础信息。新型列控系统使用 TSRS 存储和管理电子地图,通过无线通信系统传送给车载设备。

和若铁路电子地图制作主要包括前期设计、轨道测绘、数据处理、数据生成、数据验证。设计单位主要完成前期设计,轨道测绘、数据生成及数据验证由第三方与 TSRS 厂家共同完成。

7. 新增列控维护中心、列控维护网和列控网络安全

新增了列控维护中心,能够对新型列控系统 ATP、RBC、TSRS、TIS 等设备状态信息进行全面采集和分析,实现设备运行状态综合监督、故障预测预警、故障智能诊断等功能。与列控维护中心相匹配,构建了列控维护网,采用 1×20 M(FE 电口)传输通道,用于列控系统传输监测维护信息。同时,将列控系统网络安全设备设于列控维护网入口处,实现了列控系统的网络安全防护。

四、通信系统配套方案

为满足新型列控系统各设备的通信需求，保障新型列控试验、试用顺利进行，和若铁路通信系统进行了一些特殊设计。根据《格库 和若铁路新型列控系统综合试验大纲》和《新型列控系统车地通信接口暂行技术要求》，原则上维持既有的单网交织冗余覆盖方式。GPRS 网络无线覆盖应满足以下要求：

(1)场强大于或等于−95 dBm 的覆盖概率大于 95%。

(2)同频载干比(C/I)宜不小于 15 dB。GPRS 网络服务质量指标应符合《铁路数字移动通信系统(GSM-R)通用分组无线业务(GPRS)子系统技术条件》(Q/CR 552—2016)以及《新型列控系统车地通信接口暂行技术要求》的其他要求。

为 RBC、TSRS 至乌鲁木齐局集团公司 G 网核心网分组域提供互联通道，三套 RBC 设备、四套 TSRS 设备分别内部组网后，通过网络安全设备与 GSM-R 无线通信网核心网分组域设备互联，互联按双通道考虑，由不同传输系统承载，带宽不小于 20 Mbit/s，接口数量及类型分别为 2 个 GE(O)。

为方便试验、试用过程中开展问题分析判断，在 G 网核心网侧和基站侧分别设置接口监测设备。基站空口监测系统(BMS)的数据由各基站采集设备采集到数据之后通过传输系统将数据发送至乌鲁木齐局集团公司新客站核心网机房空口监测数据处理中心进行处理及存储，基站空口采集设备接入传输系统需10 Mb/s 带宽 FE 端口。数据处理中心提供操作维护终端进行数据显示和查询，对基站空口监测数据处理中心进行服务器及存储设备的扩容。

选择和若线部分 G 网基站增加空口监测设备，基站选取车站、RBC 交权区、BSC 切换带、无线环境复杂区域，共计 36 套。空口采集设备尺寸为 4U 高安装在机房视频监控机柜中。基站空口监测采集系统上行信号由功分器接入基站天馈线进行获取，下行信号是基站自身发出，监测设备使用吸盘天线置于到基站天馈线附近即可满足信号接收。

为保障新型列控实验顺利，针对 G 网核心侧的 Gi、Gn 接口进行监测，以便对该接口数据传送时出现的问题进行实时监测处理。

第六节　工程实施

为有效应对和若铁路工程建设和新型列控系统综合试验统筹推进的挑

战，在建设单位和若铁路公司的精心组织和乌鲁木齐局集团公司各业务部门的密切配合下，采取提前谋划和精细化过程管理等多项措施，确保工程建设和综合试验工作的实施落地。

一、优化施工组织，提前组织研究变更设计方案，减少废弃

2020 年 12 月《格库 和若新型列控系统综合试验大纲》发布后，和若铁路公司做出快速反应，积极介入变更设计前期工作。考虑到信号施工单位已进场，按原设计(即 CTCS-0 方案)的设备材料招标采购工作已接近尾声。和若铁路公司组织全面梳理设计变更引起的设备器材类型和数量的变化情况，经研判，对于后期不采用的设备器材，及时通知施工单位暂停采购，做到了设备器材零废弃。

二、严密组织施工进度，保障综合试验与施工进度协调推进

新型列控系统在和若铁路试验之前，还需经过环形道试验、安全认证等流程，给施工组织带来巨大挑战。和若铁路公司精心部署，统筹谋划，多次组织施工单位和课题组单位统一协调施工周期，细化施工工序，做好接口预留，统筹施工进度与设备研发进度的协调，确保工程建设和综合试验工作的实施落地。和若铁路新型列控系统现场安装及试验推进示意如图 3-12 所示。

三、做好试验与工程的统筹，强化设备配置简约化

和若铁路新型列控系统采用了多家供应商提供的设备，包括 5 家列控联锁一体化(TIS)供应商、3 家 RBC 供应商、4 家 TSRS 供应商、4 家 ATP 供应商以及 3 家列尾设备供应商。这些设备型号及接口种类繁多，均为新开发的设备。

尽管各供应商遵循总体技术规范和单项设备的技术条件研发设备，但在实际的软件仿真和现场试验过程中，仍然发现多处具体的差异项，为此，和若铁路公司组织课题组、供应商和铁路局相关部门共同研究分析引起这些差异项的原因，及对系统性能的影响，制定分阶段进行改进的管理措施。对于涉及行车安全的问题，必须在项目开通前全部整改到位；对于其他不涉及行车安全或是仅仅是不同设备之间接口的问题，要求在后续的试用阶段进行解决。

四、主动介入，协调解决现场问题

新型列控系统对 GSM-R 无线通信质量要求较高，针对试验期间存在的外

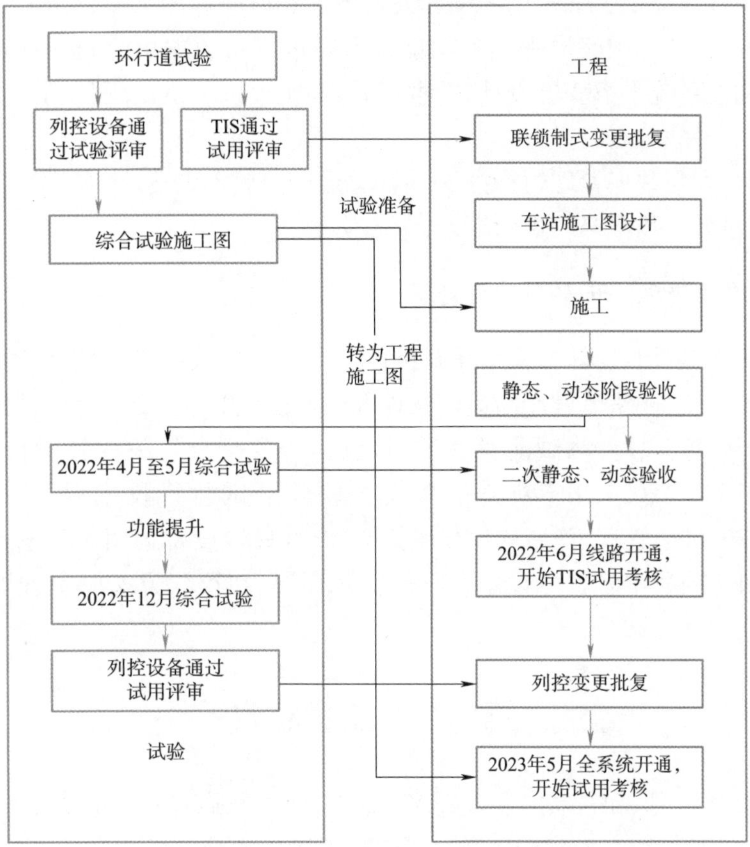

图 3-12　和若铁路新型列控系统现场安装及试验推进示意

部公网干扰问题，建设单位主动介入，多次协调自治区相关部门对全线公网干扰进行排查，为系统安全运用提供了有效保障。

对于运维部门提出的站台上增加货车停车标，便于搭载 ATP 的机车合理停车的需求，鉴于没有相关标准规范可遵循，建设单位主动组织有关方开展研究，提出技术要求，督促全线实施。

五、严控列控数据和电子地图数据发布

新型列控系统采用了基于北斗的融合定位方式，在传统列控数据的基础上，新增了电子地图数据，满足列车定位的需要。

为保证和若铁路新型列控系统综合试验的顺利开展，列控数据和电子地图数据采用了阶段发布的方式。在设备安装到位、综合试验开始之前，参照正

式工程的标准提供了试验用的全套列控数据和电子地图数据。综合试验完成后，根据试验情况和路局提出的功能提升需求进行数据修改，在《和若铁路新增新型列控系统Ⅰ类变更设计》的批复后，再次提供了供工程使用的全套列控数据和电子地图数据。

按照《列控数据管理暂行办法》(铁总运〔2014〕246 号)既有线列控数据发布流程，对列控数据修改进行管理。

六、设备软件发布、软件变更管理

在试验、试用过程中，根据需要进行设计变更和试用设备软件变更。软件变更管理按照《铁路信号产品运用管理办法》(铁工电〔2022〕41 号)规定的审批流程进行管理。软件测试流程按照《铁路信号安全软件编程暂行技术要求》(TJ/DW 230—2020)和《铁路信号安全软件测试暂行技术要求》(TJ/DW 231—2020)进行管理，开展软件代码修改和自测试，设备运用单位电务仿真实验等。对于项目中多型号设备共存的实际情况，在第三方实验室开展各企业设备的互联互通试验。

第七节　工程验收

2022 年 1 月，和若铁路建设进入开通倒计时，面临着两大重要任务：工程验收和新型列控系统综合试验。在完成工程阶段性的静态验收和动态验收之后，方可开展新型列控系统综合试验。而综合试验又是对和若铁路新型列控系统进行全面动态验收的基础。工程验收和综合试验两者交叉进行，相互补充。

为保障新型列控系统综合试验的顺利开展，首先开展第一阶段静态验收，在乌鲁木齐局集团公司的组织下，依据《和若铁路联锁制式Ⅰ类变更设计》列控联锁一体化相关的施工图以及列控部分的试验工程设计图等文件，于 2022 年 1 月 15 日至 3 月 6 日完成了全线信号工程静态阶段验收，3 月 10 日至 16 日完成了全线通信和信号的动态阶段验收，从而达到了列车开行的条件，为后续的新型列控系统综合试验提供了必要条件。

2022 年 4 月至 5 月，以课题组为主体开展和若铁路新型列控系统的综合试验。

2022 年 5 月 1 日至 26 日，结合综合试验情况，乌鲁木齐局集团公司组织完成了和若线信号专业的第二阶段静态验收。6 月 16 日，列控联锁一体化设备的联锁、电码化、半自动闭塞、自动站间闭塞功能随着和若铁路全线的开通而投入使用。

在此基础上，对于运维部门提出的功能提升需求，课题组继续开展相应的研发工作。在履行软件变更等管理流程后，于 2022 年 12 月再次开展了补充试验工作。

2023 年 2 月，ATP、RBC、TSRS、EOT 等设备通过了试用评审；3 月《和若铁路新增新型列控系统Ⅰ类变更设计》获得批复。

2023 年 4 月 1 日至 4 月 20 日，根据列控部分的正式施工图，和若铁路公司牵头组织了乌鲁木齐局集团公司相关业务部室和设备管理单位，完成了新型列控系统各专业工程的静态验收。4 月 25 日至 4 月 28 日，乌鲁木齐局集团公司组织完成了新型列控系统的信号和通信专业的检测工作。

2023 年 5 月 10 日，若和铁路的新型列控系统相关设备正式开通使用。

第八节　主要成果总结

新型列控系统突破了一系列国际国内技术难题，融合北斗等技术实现了列控车载设备多源综合定位，国内首次实现了干线铁路移动闭塞的列车追踪运行，国际首次实现了符合列控安全的列车完整性自主检查，全国铁路首次实现了列控安全数据的 IP 化无线传输，填补了国内外相关空白；系统具备轨旁设备简约化、车站区间一体化、设备维护智能化等突出优势。

新型列控系统是对我国自主化列控成套技术装备的系统性继承和创新性发展，总体技术水平达到国际领先，是我国铁路信号领域核心设备从跟跑到并跑、领跑的重要一环。新型列控系统率先服务于我国新疆地区铁路，后续可为类似西部环境的铁路建设、高铁列控系统优化升级、“一带一路”交通发展、城际市域互联互通等提供人才与技术储备，对于提升我国铁路技术装备水平，保持在国际铁路领先地位具有重要意义。

和若铁路新型列控系统的实施过程中，主要体现了三个方面的创新，分别是我国 CTCS 技术体系创新、适应多种应用场景需求的设计创新及信号成套系统结合工程试验的管理创新。

一、我国 CTCS 列控技术体系创新

构建了新型列控系统技术体系，形成了新型列控系统技术方案和全套国

铁集团标准规范，通过了国铁集团组织的评审并发布实施，为系统的安全可靠和自主先进打下了坚实基础，对中国铁路列车运行控制系统(CTCS)体系化、标准化、规范化发展与完善具有重要意义。

1. 创新性提出并实现了融合北斗卫星定位、车轮速度传感器、惯导传感器、地面定位应答器等多源信息的列车综合自主定位技术，能够适应平原、山区、隧道等多种环境下的可靠稳定使用需求；同时通过采用电子地图技术，动态获取并更新线路数据，显著减少轨旁设备的布设和维护工作，实现了高安全性和高可靠性要求下，满足控车精度要求的列车定位与测速功能。图 3-13 为融合北斗的列车综合定位技术原理。

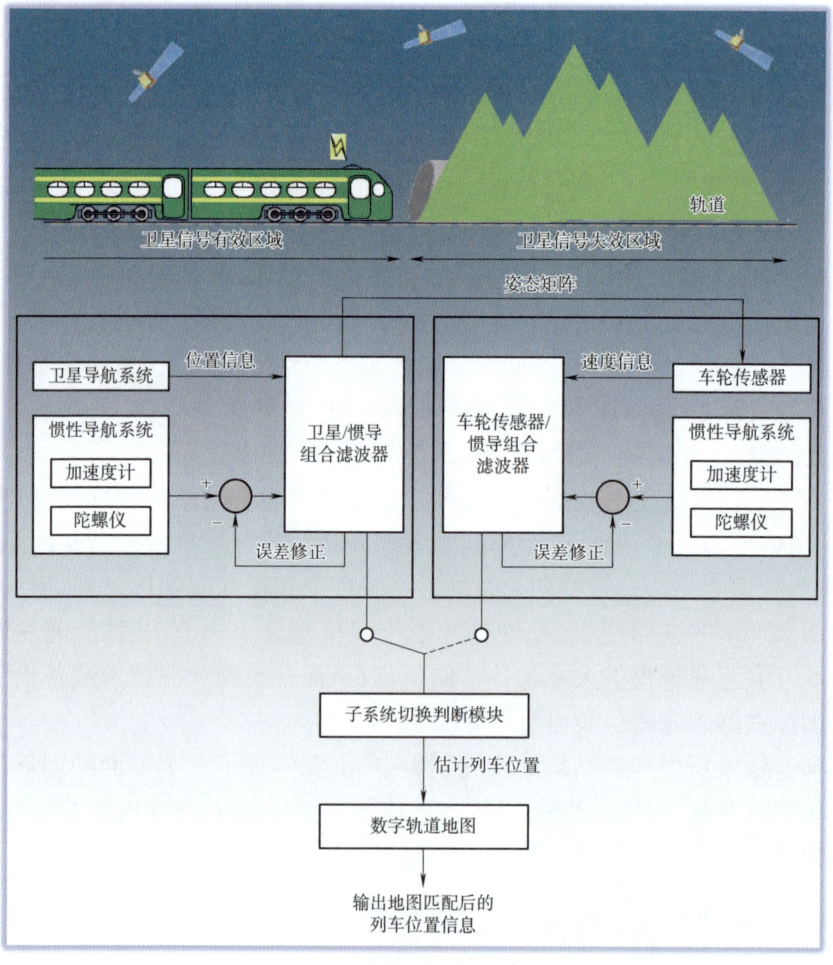

图 3-13 融合北斗的列车综合定位技术原理示意

2. 符合 SIL4 安全等级的列车完整性检查关键技术功能，填补了国际国内相关空白，形成了国铁集团技术标准，从源头保证了列车完整性检查系统的安全性和正确性，对确保列车完整性检查系统的标准化、规范化和设备互联互通有重要意义。创新地设计了安全列尾设备，风压采集功能满足 SIL4 安全等级要求，为虚拟闭塞、移动闭塞制式下列车安全追踪运行提供了必要条件与技术保障。图 3-14 为列车完整性自主安全检查技术原理。

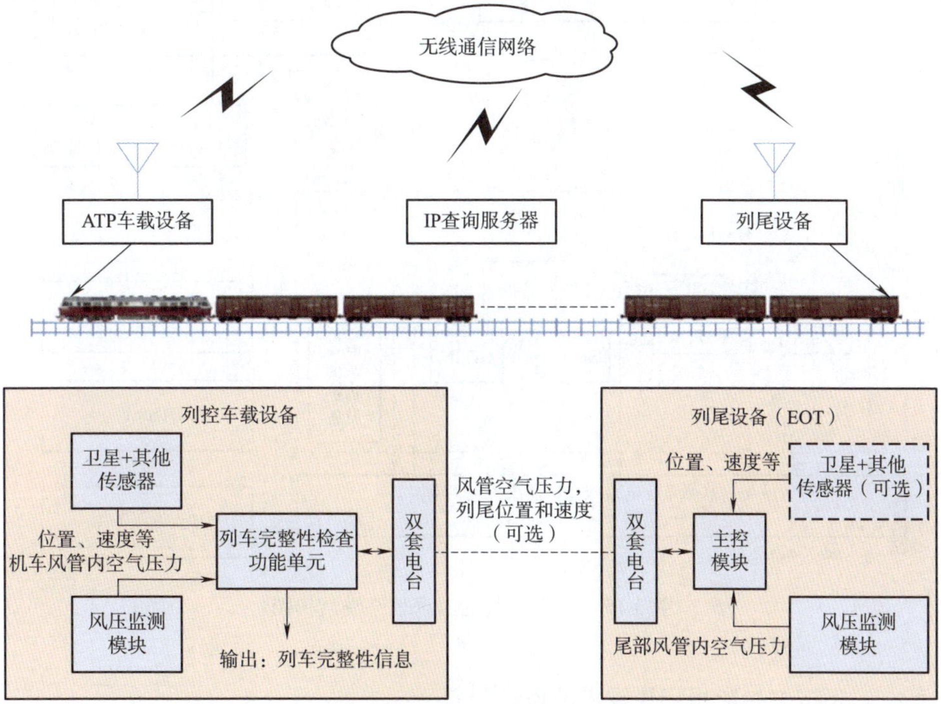

图 3-14　列车完整性自主安全检查技术原理示意

3. 全国铁路首次使用 IP 化技术承载列控安全数据的车一地无线传输，实现了列控系统无线通信向 IP 化、宽带化的重要转变。构建的基于 IP 通信技术的车地无线传输系统，能够适应 GSM-R、LTE、5G-R 等多种通信制式，满足列控及其他业务的可靠信息传输要求。全国铁路首次实现了自主可控的通信加密解密技术，有效地提高了新型列控系统通信信息的保密性和抗破解能力。IP 化车地无线通信系统构成如图 3-15 所示。

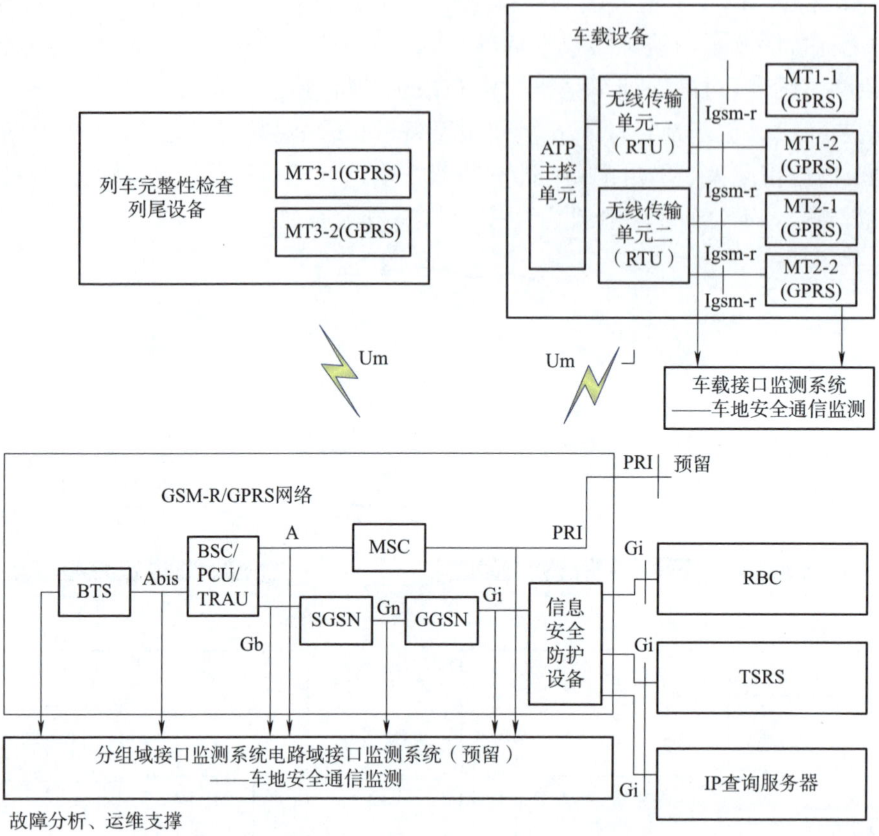

图 3-15　IP 化车地无线通信系统结构图

二、适应多种应用场景需求的设计创新

为了满足搭载 LKJ 的列车与搭载新型列控系统车载 ATP 列车共线运行，确保系统的安全性、可靠性、可用性和可维护性，新型列控系统从系统总体设计、主要技术措施手段、信号控制逻辑及电路设计等方面进行针对性研究，取得较好的结果。

1. 首次实现了基于 CTCS 体系的移动闭塞/（虚拟）自动闭塞列车追踪运行，同时减少和简化了轨旁设备，适应了西部等铁路恶劣、复杂环境下的安全高效运输需求，有力补充完善了 CTCS 列控体系，进一步扩展提升了 CTCS 的适应性与生命力。设计了移动闭塞、虚拟自动闭塞、站间闭塞等多种闭塞方式，通过闭塞制式切换实现列控车和非列控车的混合运行，并满足列控车降级后安全运行。

移动闭塞较 CTCS-0 站间闭塞运能成倍提升，单线铁路估算 20%以上，特别是单边运输能力大幅提升；较 CTCS-0/2 自动闭塞能够提升线路最大运能，取消区间轨道电路，显著降低线路运营维护工作。图 3-16 为移动闭塞与站间闭塞、自动闭塞关于闭塞分区划分的对比。

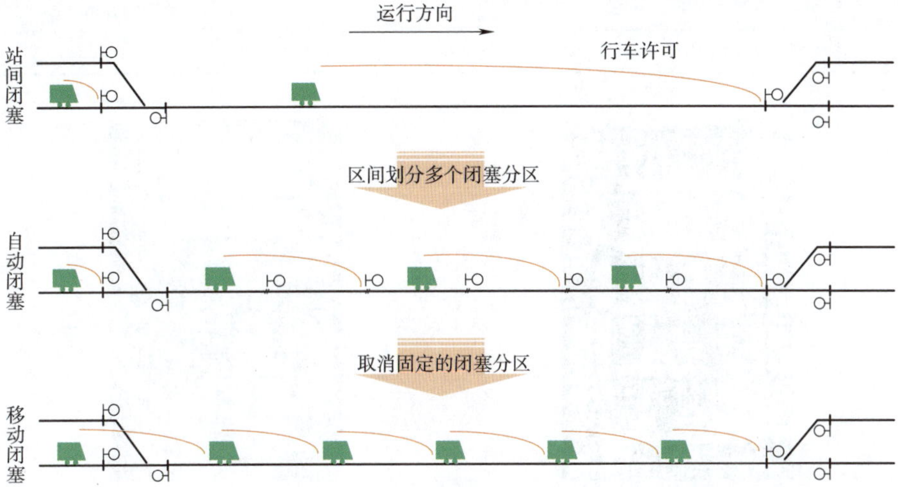

图 3-16　移动闭塞与站间闭塞、自动闭塞关于闭塞分区划分的对比示意

2. 国内首次构建了适应普速铁路环境和机车条件的列控 ATP 车载设备系统架构，充分考虑高海拔(5 500 m)、大温差、强震动等各类不利环境因素，以及机车有限空间和特殊接口等进行设备硬件和接口等优化设计，设备机柜及线缆占地面积和空间体积分别减少 46.3%和 43.8%，全新设计采用北斗/通信一体化天线方案及布局，并根据机务需求新增了管压防溜等新功能，使 ATP 设备更加适应线路、环境和车辆特点，有效促进了新型列控系统在普速铁路上更好地推广应用。

3. 国内首次全线列控联锁一体化设备替代计算机联锁，通过全电子站区一体化控制技术，将越行站设计为被控站纳入相邻集中站控制，实现无人值守。和若铁路环沙漠而建，沿线大部分越行站所在地区交通不便、运维人员生活不便。列控联锁一体化主机设于自然条件较好的车站，取消了站间信息传输设备和绝大部分继电器，简化了信号设备配置。全电子执行单元采用冗余配置方式，提升了系统的可靠性和可用性。列控联锁一体化贴合西部铁路的特点，提升了和若铁路技术装备水平和运营维护水平。

以若羌站为例，见表 3-4 和图 3-17，采用列控联锁一体化设备较既有计算机联锁设备，占用面积减少约 50%，配线减少 80%。

表 3-4　若羌站新型列控系统引起房屋面积及设备配线变化情况

项　　目	若羌(14 股道 69 组道岔)	
	计算机联锁(既有)	列控联锁一体化设备
使用机房面积(m^2)	158	80(减少约 50%)
配线数量(根)	53 921	11 175(减少 80%)

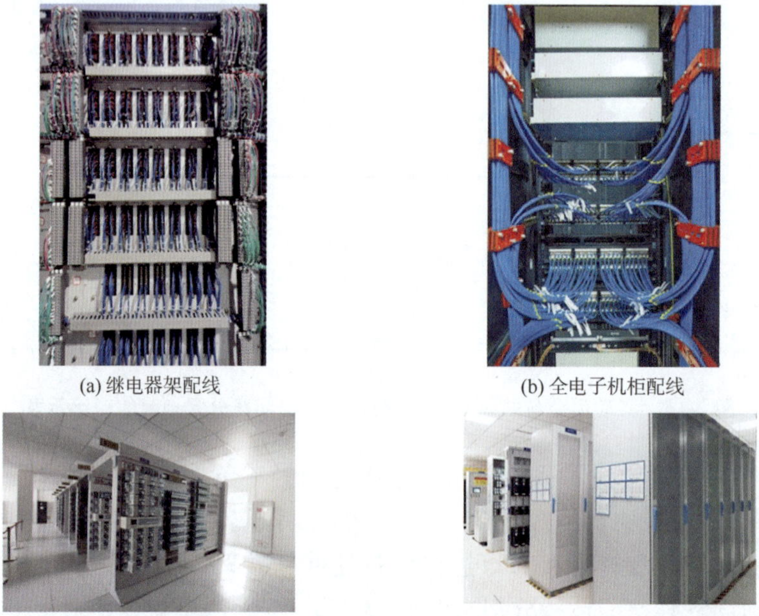

(a) 继电器架配线　　(b) 全电子机柜配线

(c) 继电器机械室　　(d) 全电子机械室

图 3-17　若羌站新型列控系统引起房屋面积及设备配线变化示意

注：全电子较继电器模式机械室面积节约 50%，配线数量减少约 80%。

4. 通过调整列控参数和无线网络优化，利用 GSM-R 单网覆盖实现列控车一地控车信息的可靠传输，为单网承载列控业务做出有意义的尝试。不改变和若铁路 GSM-R 单网覆盖方式，一方面借助试验调整列控系统无线闭塞中心(RBC)、列车超速防护系统(ATP)和列尾设备的时间参数，提高列控系统对于无线连接超时的容忍度；另一方面通过无线通信的网络优化，改善无线覆盖场强分布，使得 GSM-R 单网传输车—地控车信息的可靠性达到规范要求，为单网承载列控业务做出有意义的尝试。

三、信号成套系统结合工程试验的管理创新

新型列控系统在和若铁路的试验与试用，是路内首次开展结合工程的信号系统成套设备的研发、试验及验证，从工程设计、设备研发、工程实施和验收等方面进行大量探索，积累了较丰富的经验。从项目系统管理的角度，摸索出对立统一的处理新设备试用与变更设计、设备研发与工程设计以及系统试验与工程验收的方法。

1. 工程变更与新设备研发进度协调安排，新设备完成试验评审、通过试用评审后，方可进行相关的变更设计。在恰当的时间节点，按照联锁制式和新增新型列控系统，分别开展两次变更设计，成功解决了工程与试验之间的矛盾。先利用环形道开展列控联锁一体化设备相关试验，通过试用评审后，启动《和若铁路联锁制式Ⅰ类变更设计》的变更设计流程，先将列控联锁一体化纳入工程设计，具备车站联锁的基本条件。在和若铁路开通前，利用在建项目的优势大范围开展新型列控系统综合试验。在完成功能提升改造后，在既有线上进行少量的补充试验，在 RBC、TSRS、ATP 等新设备通过试用评审后，进行《和若铁路新增新型列控系统Ⅰ类变更设计》，最终实现全系统开通试用。

2. 新系统研发过程与工程设计进度重合，课题组与设计单位深度结合，按照阶段性研究成果，完成以试验为目标并考虑永临结合的试验工程设计；待系统试验完成、试验设备全部通过试用评审、变更设计批复后，设计单位最终完成工程施工图。为满足工程进度和试验进度要求，设计要先行提供施工图，供施工单位开展设备材料采购、安装等工作。2020 年，形成了《新型列控系统暂行技术规范》及其他 7 项标准性技术文件，作为设备研发和试验工程设计的依据，在多次开展设计联络的基础上，设计单位完成了试验工程设计。2022 年 10 月，在完成和若铁路新型列控系统综合试验和功能提升研发工作之后，更新了《新型列控系统暂行技术规范》及其他 9 项标准性技术文件。设计单位根据规范变化调整修改设计图，在《和若铁路新增新型列控系统Ⅰ类变更设计》获批后，提供了工程施工图，完善了工程建设程序。

3. 统筹工程验收和综合试验之间关系，使工程验收和综合试验两者交叉进行，相互补充。在进行新型列控系统综合试验之前，需要先完成工程的静态阶段验收和动态阶段验收工作，以保证试验列车的安全运行。而综合试验又是对和若铁路新型列控系统进行全面动态验收的基础，在综合试验后期，乌鲁木齐局集团公司结合新型列控系统和若铁路综合试验情况，组织完成和若铁路信号专业二阶段静态验收，具备了项目开通的条件。

第四章　铁路桥墩及涵洞预制装配式建造技术

第一节　桥墩预制拼装技术研究情况

装配式桥梁建造技术是指将桥梁构件在工厂预制、现场拼装的建造技术。与传统施工方式相比，装配式桥梁建造技术具有构件工厂化生产质量高、现场安装快速便捷、施工节能环保等优势，同时可以减少对环境和道路交通的影响，更好地确保工程质量、提升工程品质和文明施工水平。

一、国内外研究进展

1. 国外

1997 年美国纽约大学的 Mander 等对只有一个整体节段、干接缝连接的预制节段桥墩进行拟静力试验，得出的试验结论：桥墩自复位能力良好，残余应变较小，在桥墩与基础之间铺设橡胶垫之后，桥墩的滞回耗能能力提高。

美国纽约州立大学水牛城分校的 Ou Yu Chen 等进行了预制节段桥墩全尺寸拟静力往复加载试验，研究了有黏结及无黏结预应力筋对预制节段桥墩抗震性能的影响。研究结果显示，有黏结预应力筋预制桥墩侧向承载能力及滞回耗能性能较强，但自复位能力较差。有黏结预应力筋在结构中起到了类似于耗能钢筋的作用，研究了不同耗能钢筋配筋率与桥墩自复位能力的关系。

美国斯坦福大学 Billington 等人将桥墩嵌入基础与盖梁中，通过增加桥墩两端约束的方式提高结构的耗能能力，通过试验研究发现，嵌入达到一定深度时，节段内纵筋达到屈服，滞回能力增加，剪跨比小的桥墩破坏更严重。但在墩底塑性铰区域混凝土中掺入纤维，能有效提升桥墩的侧向承载力及滞回耗能能力。

美国加州大学在 2002 年对大比例预制节段桥墩进行了拟静力试验研究，桥墩接缝采用胶结剂连接，底部塑性区域采用钢套管约束加固，试验结果显示，剪切力通过接缝间摩擦力传递，钢套管可以减小节段间的压碎程度。

2. 国内

重庆交通大学刘少乾通过桥墩模型进行拟静力试验，研究空心预制拼装桥墩的抗震性能及破坏机理，分析不同混凝土材料与接缝形式对预制节段桥墩抗震性能的影响。

同济大学葛继平等对预制节段钢管约束混凝土桥墩在往复荷载作用下的力学行为以及接缝区进行了研究，结果显示接缝处混凝土强度越大，桥墩的极限承载力越高。

南京工业大学蔡忠奎、刘诗文等通过在节段桥墩接缝中使用卯榫结构，增强桥墩抗剪承载力，减少节段间的剪切错动，增强桥墩的整体性。

南京理工大学陈久强提出“半预制半现浇”概念，通过对比试验研究，得出如下结论：半预制半现浇桥墩，在自复位能力相当的情况下，滞回耗能能力更强，通过有限元分析，得出不同轴压比与底部节段纵向配筋率，底部节段高度的合理取值。

长安大学张发飞等通过增设限位螺栓的方法，增强预制拼装桥墩的耗能能力，残余变形降低，侧向强度及抗弯能力显著提高。江梦莹采用的新型法兰连接，抗震性能优于普通节段钢管混凝土。

二、国内外应用情况

1. 国外

桥墩预制拼装技术在各国的推广应用程度，与其工业化水平及劳动力成本密切相关。最早起源于法国 E. 弗莱西奈在 1945—1948 年期间，首先对预应力混凝土桥进行了预制拼装施工。在高速公路和高架桥方面，美国 1971 年建造了第一座节段拼装桥梁——得克萨斯州珀斯克里斯蒂市的约翰肯尼迪堤道桥，1982 年美国佛罗里达建成的 Long Key Bridge，桥墩采用预制异形墩柱；同年在佛罗里达建成的 Seven Mile Bridge，桥墩采用节段预制拼装矩形空心墩方案，并设置了竖向后张预应力与基础相连；以后陆续建成的佛罗里达州的 John T. Collision Bridge、七英里大桥、得克萨斯州首府奥斯汀市的 183 高速公路高架桥以及新泽西州的胜利大桥、佐治亚州 Ⅰ-85 interchange 桥、华盛顿州 Ⅰ-5 Grand Mound to Maytown Stage 2 桥等都大量使用预制拼装技术。

1997 年建成的丹麦—瑞典厄勒海峡大桥是一座双层公铁两用桥，其全桥都采用了沉箱基础和节段式桥墩组拼而成。

2. 国内

澳门新澳凼大桥，又名友谊大桥，于 1990 年 6 月动工，1994 年 3 月通车，首次采用预制承台和墩身；上海沪闵高架桥，于 2001 年 12 月动工，2003 年 9 月底竣工，二期工程采用全预制的拼装形式；杭州湾跨海大桥于 2003 年 11 月开工，2008 年 5 月通车，采用预制空心矩形截面墩身，承台与墩身采用现浇混凝土墩座的施工方式，即采用现浇湿接缝连接。金塘大桥于 2006 年 4 月动工，2009 年 11 月通车，非通航孔桥共安装了 428 个预制墩身，最大吊装重量约 450 t，预制墩身与承台采用湿接缝连接。

北京至雄安城际铁路项目首次探索铁路桥梁下部构造装配式技术的应用，固霸特大桥 31 个桥墩开展了装配式一体化施工关键技术研究。工程采用预制管桩、双柱式—圆端形实体桥墩，墩身与承台、墩帽与墩身采用全灌浆套筒方法连接，各部构件接触面采用高强砂浆坐浆法连接。北京—雄安城际铁路固霸特大桥装配式桥墩成品如图 4-1 所示。

图 4-1 北京—雄安城际铁路固霸特大桥装配式桥墩

第二节 预制拼装桥墩方案研究

一、铁路预制装配式建造技术应用条件

装配化技术是一套涉及工厂预制、道路运输及现场安装三个方面的建造技术，它的应用条件取决于工业化发展水平和工程环境适应性。

1. 工业化发展水平

装配化技术发展的目的是提高工程质量、降低现场施工工期、减少人力资源、保护生态环境以及集约社会资源。因此，工厂预制不是简单的“异地浇筑”，是施工条件、施工设备、施工生产和流程的整体变革。装配式技术应用前期，即需考虑建厂位置、建厂规模、当地的运输及吊装条件、工艺流程、钢筋绑扎工艺、脱模技术、自动化养护技术、场内运输设备等因素，这些因素的集合即为社会的工业化发展水平。有了较高工业化水平的支撑，预制产品的制造可达到流水作业的标准，预制装配技术可充分发挥解放劳动力、提高工程质量的优势。

2. 工程环境

工程所在地对装配式技术应用的影响主要体现在是否有建厂条件，道路运输是否安全可靠、快捷等方面。另外，工程所在地的地震烈度对装配式技术的应用也产生影响，因为装配式结构尤其装配式桥墩，如采用的结构构件分段设计，连接部位构造形式应根据实际应用进行深入研究。

和若铁路处于沙漠边缘，地形起伏不明显，地区气候干燥、昼夜温差大，现场浇筑混凝土养护困难，宜研究应用桥墩装配式建造技术。在进行接缝形式的选择时，主要考虑如采用湿接缝连接时，在接缝处很容易产生初始裂缝，进而影响桥墩的耐久性，最终采用了胶结缝连接形式。

二、课题研究历程

和田至若羌铁路东起新疆巴音郭楞蒙古自治州若羌县，西至和田地区和田市，单线，设计时速 120 km。和若铁路沿世界第二大流动沙漠(塔克拉玛干沙漠)南缘走行，沿途人烟稀少、自然环境恶劣，昼夜温差大，降雨量小、蒸发量大，属极度干旱地区，恶劣的自然条件给现场施工带来困难，养护条件差，工程质量较难保证。和若铁路常规简支梁(24 m、32 m)占比 95%以上，铁路沿线起伏较小，墩高较低，其中小于 12 m 的桥墩约 70%。

为了克服恶劣的自然环境对现场施工带来的难题，探索预制装配式建造技术在铁路桥墩中的应用，2018 年 9 月中国铁路总公司立项科研《和田至若羌铁路桥墩及涵洞工程预制装配技术应用研究》，联合建设、设计及施工单位、预制厂商及高等院校，对装配式技术在桥梁工程及涵洞工程的应用展开全面研究。

2018 年 12 月至 2019 年 5 月，主要对桥墩结构形式、连接方式、装配式承台及其预应力管桩展开研究。对实体矩形独柱墩、空心矩形独柱墩、双柱矩形墩以及对应的、可行的连接形式(灌浆套筒、湿接缝以及预应力钢筋连接)进行研究，根据不同墩高(15 m、12 m、10 m、8 m)，分别从桥墩刚度、结构受力性能以及吊装运输要求、承台布置及管桩长度等方面进行比选研究。根据尽量减小吊装重量、减少接缝数量、利用工厂化施工的原则，最终确定双柱式圆形空心桥墩方案。

对不同壁厚(30 cm、40 cm、50 cm)开展空心墩温度应力研究，根据桥墩受力及温度力效应，为避免桥墩出现拉应力影响桥墩耐久性，选用预应力钢筋连接方式。

对管桩的施工工艺开展研究，对打入桩、引孔打入桩、植入桩三种工艺进行现场试验研究，还对装配式涵洞、挡土墙及站房进行了工艺及试验研究，虽然没有大规模应用，但探索了铁路桥梁全预制装配式技术的可能性，积累了经验。

2019 年 5 月完成试验墩设计图纸及预制拼装桥墩施工图，2019 年 7 月完成拼装桥墩终稿，施工方根据实验墩图纸完成现场工艺实验及钢束锚固端抗拔实验，参研高校广州大学于 2019 年 10 月开展现场实尺抗震性能分析。

2020 年 5 月第一个预制装配式桥墩开始施工，这对装配式技术在铁路桥梁中的应用具有里程碑意义。

三、预制装配式桥墩方案

1. 方案比选

目前，常用的铁路桥墩多为独柱式实体桥墩或空心桥墩。墩高较低时，墩身为等截面；当墩高较高时，桥墩采用变截面形式。独柱式桥墩结构外形尺寸大，重量大，不利于工厂标准化施工。和若铁路所在地吊装能力有限，最大吊装能力不超过 50 t，沿途主要的运输通道为 315 国道，车货总高度不超过 4 m。在既有的吊装能力及运输条件下，如直接将常规独柱墩应用于预制装配式桥墩中，吊装重量超限，且墩身须分割成数段，见表 4-1，10 m 墩高，墩身分割成两段，吊装重量仍超限。过多的接缝增加现场拼装难度、降低施工进度。另，鉴于接缝是装配桥墩的薄弱环节，接缝过多将影响桥墩受力性能及耐久性。

表 4-1 独柱实体墩与双柱实体墩比较(墩高 10 m)

类　别	方案一	方案二
	独柱实体墩	双柱实体桥墩
墩身尺寸/m	2.5(横)×2.0(纵)	1.5(横)×2.5(纵)
墩身节段数	2	1
墩身最大吊装重量/t	75	87.5
承台吊装重量/t	113	144.8

研究中分别对独柱实体墩、双柱实体墩、双柱圆形实体墩及双柱圆形空心墩进行了比选研究，圆形截面较与矩形截面刚度小，钢筋绑扎简单，利于施工；实体墩较空心墩刚度大，易于施工，吊装重量大。综合考虑和若铁路现场的运输及吊装能力，选用双柱式圆形空心墩。

桥墩由圆形空心墩柱及盖梁组成，墩柱及盖梁单独预制，大幅降低构件吊装重量和构造尺寸，墩柱及盖梁工厂预制，运至现场拼装成整体。

2. 盖梁构造

盖梁横向宽 5.6 m，纵向宽 2.4 m，等跨度梁桥墩盖梁厚 1.3 m，不等跨度梁桥墩盖梁最薄处厚 1.3 m，盖梁底与桥墩连接处设高 15 cm 的定位榫，方便盖梁吊装就位，如图 4-2 所示。

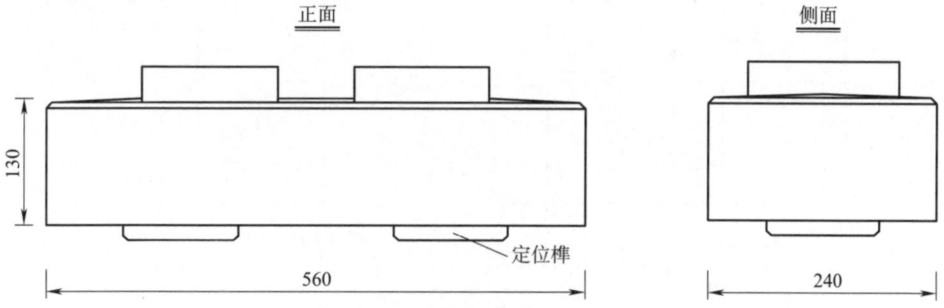

图 4-2　等高梁桥墩盖梁(单位：cm)

支承垫石与盖梁整体预制，预制时支承垫石顶部预留支座螺栓孔，支座平面布置如图 4-3 所示。

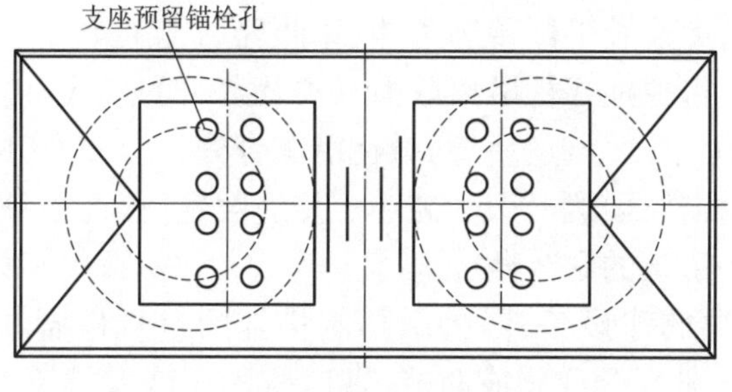

图 4-3　支撑垫石预留支座螺栓孔

3. 双柱式墩身构造

为便于墩身工厂化施工，墩身以 12 m 高度为界，设两种构造尺寸。

当墩高 12 m$<H\leqslant$15 m 时，墩柱外径 2.0 m，壁厚 0.4 m，墩柱横向中心

距 2.8 m；盖梁横向宽 5.6 m，纵向宽 2.4 m，高 1.3 m，如图 4-4 所示。墩身分两节预制，墩底节段为标准节段，长 7 m，上部节段长度根据墩高进行调整。

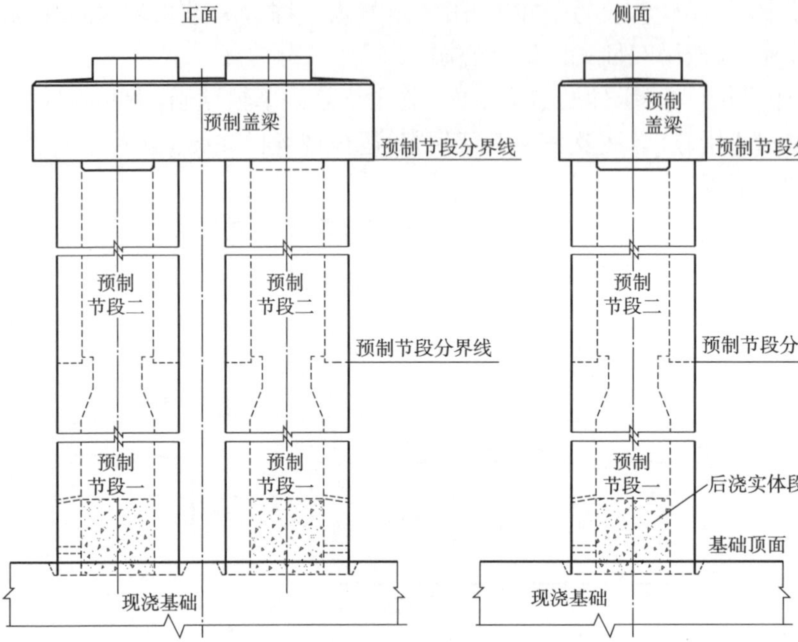

图 4-4　墩身构造图（12 m$<H\leqslant$15 m）

当墩高 $H\leqslant$12 m 时，墩柱外径 1.8 m，壁厚 0.4 m，墩柱横向中心距 2.8 m；盖梁横向宽 5.6 m，纵向宽 2.4 m，高 1.3 m，如图 4-5 所示。墩身整体预制。

为满足吊装、运输及工厂预制条件、降低现场施工难度。和若铁路采用双柱式装配式桥墩，将独柱式桥墩离散为双柱及盖梁的形式，使得桥墩节段重量大幅减少。墩高大于 12 m 的桥墩，墩柱沿墩身分为两节段（1 道接缝），墩高不大于 12 m 时，墩柱整体预制，大大减小了接缝数量，保证了预制装配式桥墩的受力性能，提高了桥墩的耐久性。

根据和若铁路的建设条件，桥墩预制构件的重量控制在 50 t 范围内，因此，墩高大于 12 m 时，墩身分成两节，墩底节段长度保持不变，墩顶节段高度根据桥墩高度进行调整。墩高不大于 12 m 时，墩身整体预制。

墩高大于 12 m 时，墩身上、下节段接缝处构造如图 4-6 和图 4-7 所示，为了降低顶层节段的定位难度，底层节段顶部内侧伸出 10 cm 高、20 cm 宽的定位榫。

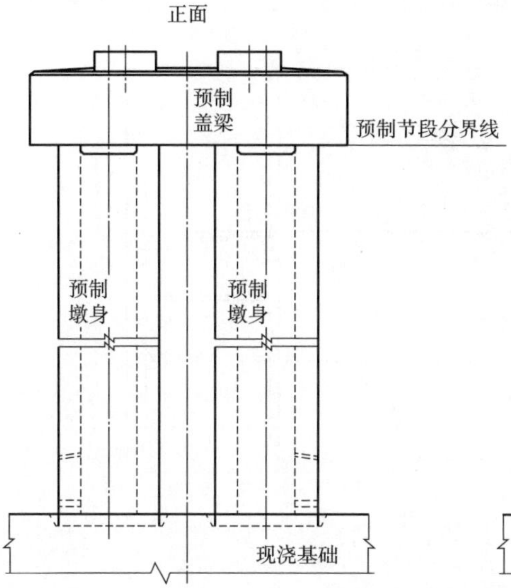

图 4-5 墩身构造图($H \leqslant 12$ m)

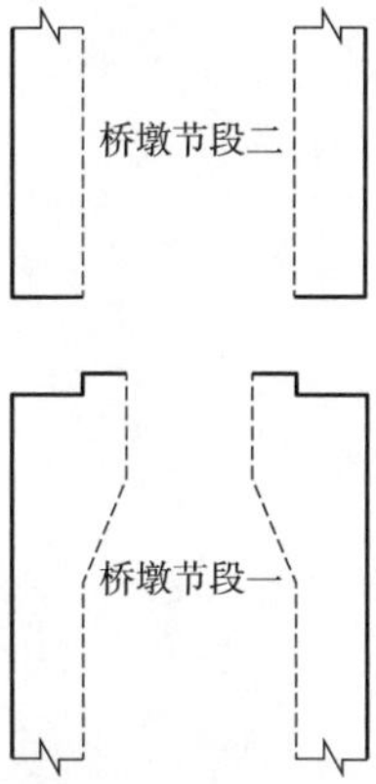

图 4-6 吊装就位前

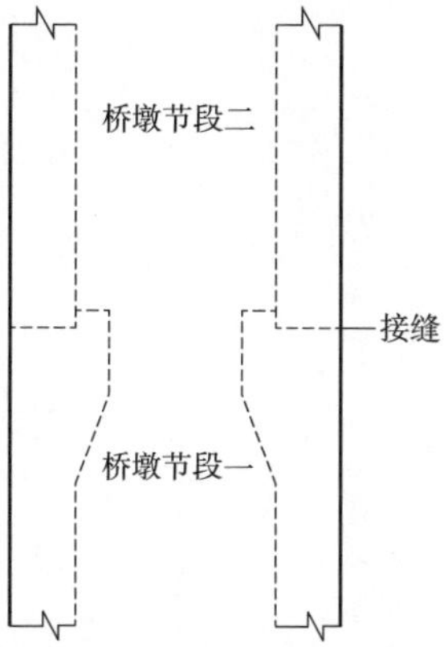

图 4-7 吊装就位后

4. 连接方式

常用的连接方式有灌浆套筒连接、湿接缝连接及预应力钢束连接。

湿接缝连接是指将装配式预应力混凝土桥墩分节段预制，吊装拼接成整体，在拼接缝处后浇混凝土使得各节段形成整体的一种连接方式，如图 4-8 所示。这种连接方式的桥墩与整体现浇的桥墩力学性能接近，其缺点在于后浇作业导致无法加快施工进度，限制了预制装配式建造技术的优势，且后浇混凝土接缝容易产生裂缝，降低了结构耐久性。

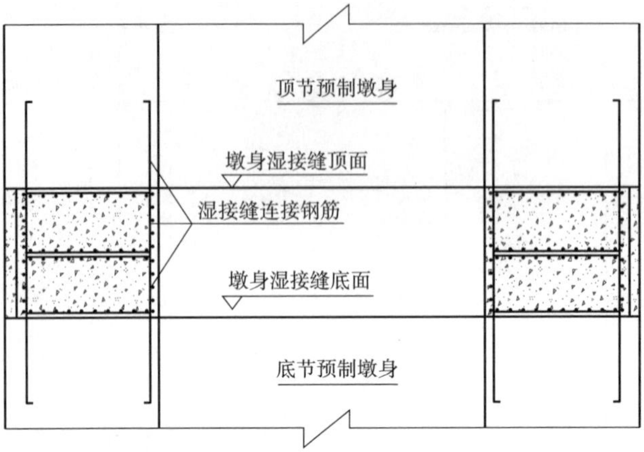

图 4-8　湿接缝连接

预应力钢束连接是指在桥墩节段预制时，预留钢束孔道，待节段吊装就位后张拉预应力钢束，使桥墩连接为整体，如图 4-9 所示。

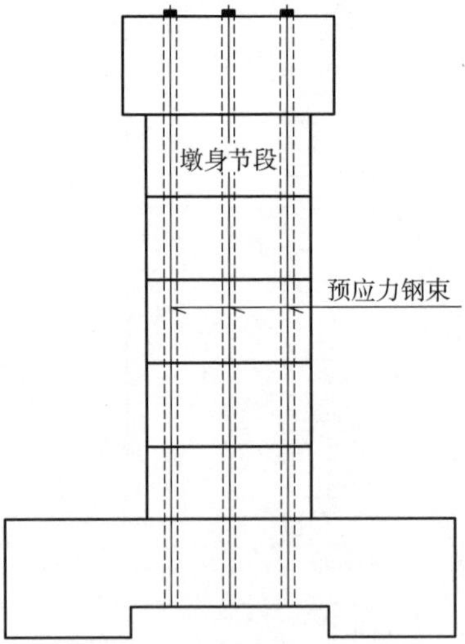

图 4-9　预应力钢束连接

灌浆套筒连接，即在上节预制桥墩内预埋灌浆套筒，下节桥墩预留钢筋，吊装就位后，将下节桥墩节段钢筋插入上节预制节段灌浆套筒内，采用临时固定措施，精调到位，向套筒内灌注混凝土，使节段之间可靠连接，如图 4-10 所示。

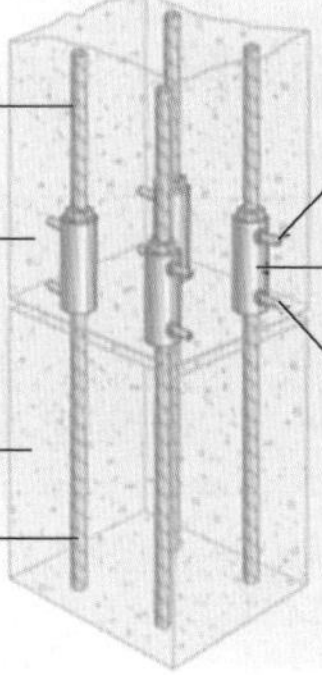

图 4-10　灌浆套筒连接示意图

灌浆套筒连接是目前较成熟的连接方式，套筒的力学性能须满足受力要求，但是灌浆套筒连接施工精度要求高。各种墩身连接方式的优缺点见表 4-2。

表 4-2　常用的拼装接缝形式比较分析

接缝名称	优　点	缺　点
湿接缝连接	力学性能类似于现浇混凝土的传统方式	施工周期加长，增加作业量
灌浆套筒连接	施工周期短；工作量较小；力学性能接近现浇混凝土的传统方法，所以其在经济方面具有一定的优越性	灌浆质量检验标准仍需进一步研究
预应力钢束连接	力学特性如强度和刚度具有可靠性；具有较好的可恢复性；施工技术、设计和计算分析较为成熟	需要进行构造配筋的布置，墩身构造和施工工艺较为复杂

鉴于和若铁路装配式桥墩截面尺寸较小，刚度较实体墩小，考虑到空心桥墩在温差荷载作用下，产生较大的温度应力，为了保证桥墩在正常运营条件下不开裂，选择采用预应力钢束连接。为了提高桥墩耐久性，墩柱节段之间、墩柱与盖梁之间涂抹环氧密封胶。

预应力钢束采用符合 GB/T 5224 标准 ϕs15.2 mm 高强低松弛钢绞线，标准抗拉强度 $f_{pk}=1\ 860$ MPa，$E_p=1.95\times10^5$ MPa，其技术条件符合现行国家标准《预应力混凝土用钢绞线》(GB/T 5224)的规定。锚具采用配套的低回缩锚固体系，其技术条件应符合《预应力筋用锚具、夹具和连接器》(GB/T 14370—2015)的要求，管道成孔采用内径 ϕ90 mm、ϕ85 mm 两种金属波纹管成孔。墩高 $H<9$ m 时，采用 12 根规格为 9-7ϕ5 的预应力钢束，9 m$\leqslant$墩高 $H\leqslant$

15 m时,采用12根规格为12－7ϕ5的预应力钢束。盖梁顶面钢束布置如图4-11所示,预应力筋立面布置如图4-12所示。

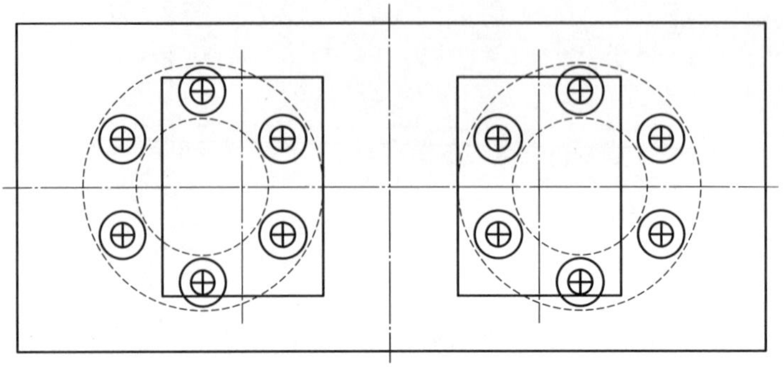

图4-11 盖梁顶面钢束布置图

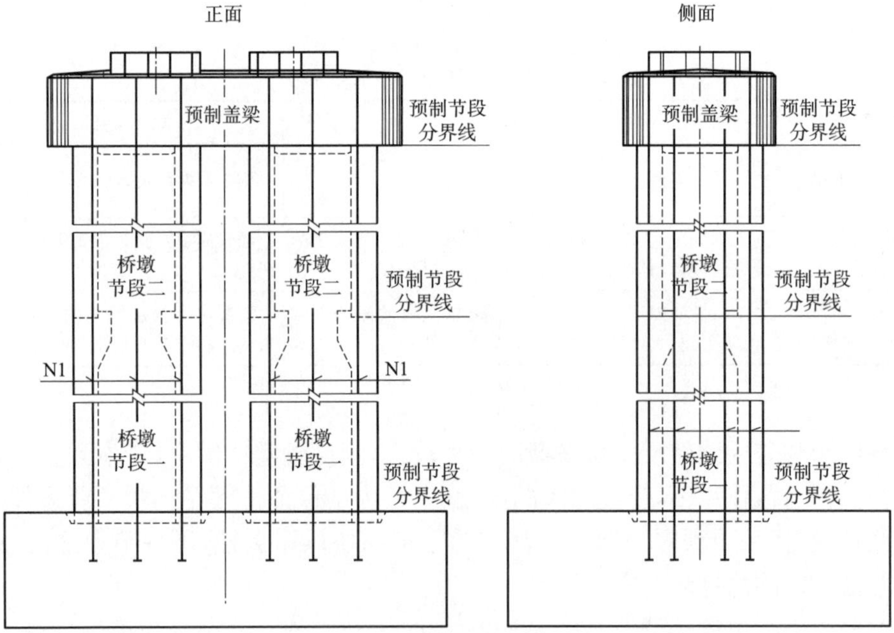

图4-12 预应力筋立面布置

5. 墩柱与承台连接构造

墩身与承台采用浅槽式连接和承插式连接,进行现场试验研究,根据研究结果选取合适的连接方式。

浅槽式连接,即钢束锚固在承台内,承台、墩身及盖梁由钢束连为整体,桥墩安装定位后，于盖梁顶张拉预应力钢束。承台顶部预留深 15 cm 的浅槽，钢束张拉完毕后，浅槽内灌注微膨胀混凝土，浅槽式预应力连接如图 4-13 所示。

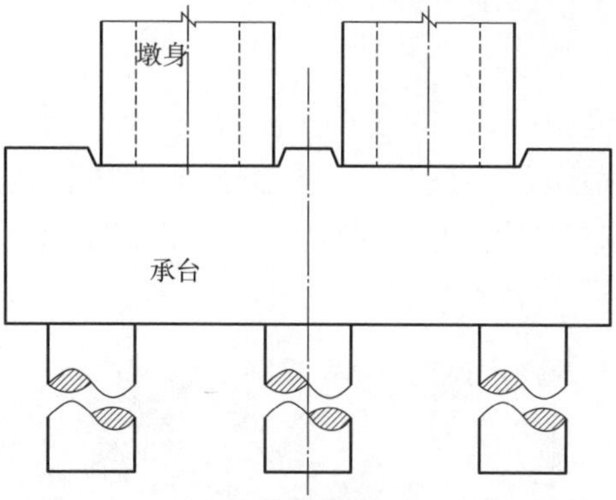

图 4-13　浅槽式预应力连接

承插式连接，即钢束锚固在墩底，墩身及盖梁由钢束连为整体，桥墩安装定位后，于盖梁顶张拉预应力钢束，承台顶部预留深 80 cm 的深槽。桥墩置入深槽内，灌注微膨胀混凝土完成墩身与承台的连接。深槽式连接如图 4-14 所示。

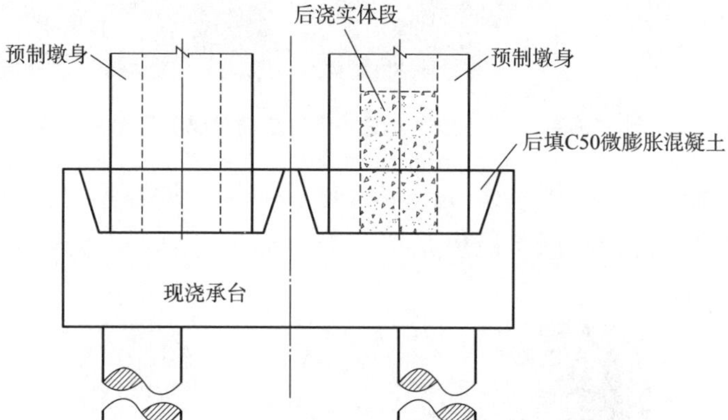

图 4-14　深槽式连接

经理论分析湿接缝连接、灌浆套筒连接、预应力钢束连接三种连接方式的优、缺点，开展 15 m 墩高预应力浅槽连接、12 m 墩高承插式连接、8 m 墩高灌浆套筒连接的实尺试验，对三种连接方式的施工工艺、连接方式的工作机理、施工方法及桥墩抗震性能进行了全面研究。研究成果显示，三种连接方式受力性能均能满足要求。根据现场施工条件及试验结果，选择浅槽式连接。

综上，和若铁路首次将预应力钢绞线连接方式应用于铁路装配式桥墩，提高了拼装速度，实现了桥墩施工现场零浇筑。

6. 钢束锚固形式研究

自锁式锚具，将锚固端、张拉端及索体分离，锚固端及张拉端锚具分别预埋在承台及盖梁内，桥墩吊装就位后，从盖梁顶部向下穿索体，待索体与锚固端连接后，于盖梁顶端张拉预应力钢束，完成桥墩连接。自锁式锚具示意如图 4-15 所示，自锁式锚具承台锚固端如图 4-16 所示。

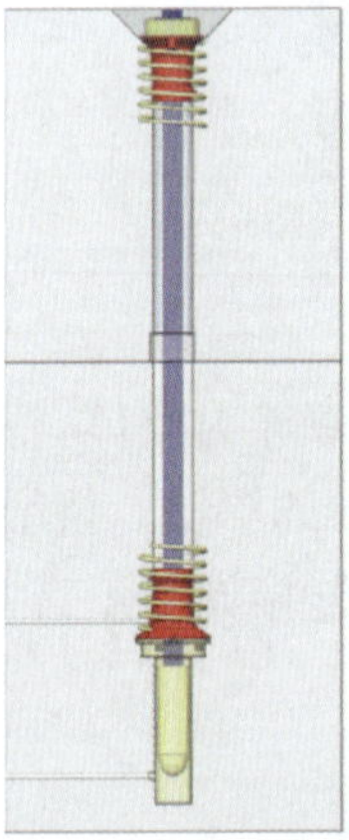

图 4-15 自锁式锚具

图 4-16 自锁式锚具承台锚固端

和若铁路独创自沉式锚具，先将钢绞线锚固端预埋在承台内锚穴，再进行墩身穿索，桥墩吊装就位后，最后张拉预应力钢束，完成桥墩连接。自沉式锚具如图 4-17 所示。

图 4-17 自沉式锚具

和若铁路现场进行自沉式锚具拉拔试验验证其安全性。锚固拉拔试验装置由三部分组成，包括承台，张拉试验架和自沉式锚具。现场开展了 3 孔 1.2 m 深度锚穴和 3 孔 1.6 m 深度锚穴的自沉式锚具拉拔试验，主要结论为：

(1)钢绞线周围设置铁皮套管，有益于改善锚固效果。

(2)两种深度锚穴均能满足锚固需要。

(3)1.6 m 深度锚穴周围的混凝土竖向位移小于 1.2 m 深度锚穴，受力状态较优，推荐采用 1.6 m 深度锚穴。

鉴于自锁式锚具价格昂贵，工程投资大，经综合分析比较，和若铁路采用经济合理的自沉式锚具。

四、预制装配式承台研究

铁路承台体积庞大，在方案研究中结合道路运输情况，制定装配式承台分块原则：

(1)分块后的预制块满足吊装及运输要求；

(2)承台分割线应避开管桩预留孔洞，并留有一定的安全距离；

(3)承台分割线应避开墩身位置；

(4)干拼时需张拉预应力，预应力钢筋应避开管桩预留孔洞；

(5)承台连接方式应安全可靠。

和若铁路预制装配式承台按照以上原则分为两部分，连接处采用锯齿形接口形式，精轧螺纹钢筋连接，如图 4-18 和图 4-19 所示，承台与管桩连接处预留上小下大的孔洞。

图 4-18 预制拼装承台

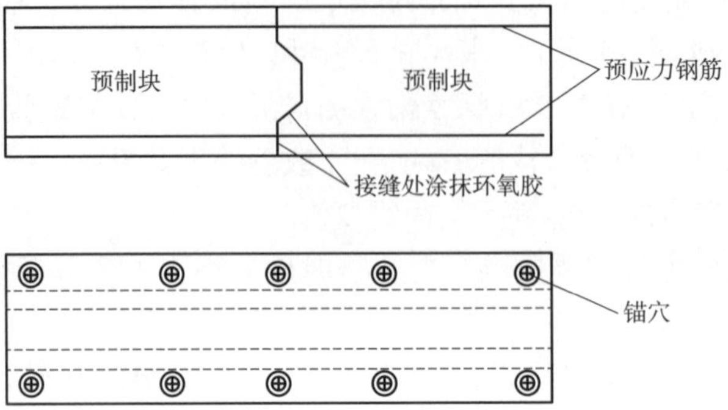

图 4-19　预制拼装桥墩接缝及锚固断面

五、管桩工艺试验研究

为全面探索桥梁下部结构预制装配技术，对预制管桩在和若铁路桥梁的施工工艺开展研究，总结应用管桩的可行性，通过试桩确定单桩竖向抗压极限承载力，为设计提供依据。

工艺试验采用 PHC 1000 AB 130 型管桩，混凝土等级 C80，桩径 1 000 mm，壁厚 130 mm。选取粉砂＋细砂地层、粉砂＋圆砾土地层、圆砾土地层三种地层进行试桩，试桩长度 8～30 m，试验数量为 9 根桩。选择三个桥梁工点进行试验研究，分别为植桩施工工艺、打入法施工工艺、引孔成桩施工工艺。采用堆载法进行加载。

1. 植桩法施工工艺

玉龙湾路中桥设计桩长 8 m，采用单根 8 m 长的管桩，试桩地层分布从原地面向下 1.5 m 范围内为稍密的细圆砾土，1.5～16.5 m 为中密的细圆砾土，16.5 m 以下为密实的细圆砾土，试桩采用植桩法施工。

主要施工工艺流程[玉龙湾路中桥(植桩)施工顺序]：施工准备→钻机就位(旋挖钻)→成孔→下导管→灌注细石混凝土或砂浆→导管起卸→冲击锤就位→管桩就位→吊桩→焊接管桩封底钢板→垂直度校正→锤击沉桩至设计标高或贯入度满足要求→桩头处理。

2. 直接打入法施工工艺

洛浦特大桥设计桩长 23 m，由一节长 10 m 和一节长 13 m 的管桩机械连接而成，洛浦特大桥试桩地层分布从原地面向下 16 m 范围内以稍密至中密的粉土、粉砂为主，16 m 以下以密实的细圆砾土、粗圆砾土为主，采用直接打入法施工。

施工流程[洛浦特大桥(直接打入)施工顺序]:施工准备→冲击锤就位→吊桩→焊接桩尖→桩身垂直度校正→锤击沉桩→接桩→锤击沉桩至设计标高或贯入度满足要求→桩头处理。

3. 引孔法成桩施工工艺

X657 县道大桥设计桩长 30 m,由 2 节长 15 m 的管桩机械连接而成,地层分布从原地面向下 35 m 以内为粉砂。按成桩工艺分为 Z1、Z2、Z3 三组试桩,桩 Z1 采用直接打入法施工,桩 Z2 采用孔内引孔法施工(引孔孔径 60 cm,深度 28 m),桩 Z3 采用先引孔后压桩法施工(引孔孔径 60 cm,深度 28 m)。桩 Z1 直接打入法施工工艺同洛浦特大桥,不赘述。桩 Z2 孔内引孔法施工工艺流程:施工准备→冲击锤就位→吊桩→焊接桩尖→桩身垂直度校正→锤击沉桩(需接桩时停止)→旋挖钻就位→引孔至设计桩底以上 2 m→接桩→锤击沉桩至设计标高→桩头处理。桩 Z3 先引孔后压桩法施工工艺流程:施工准备→旋挖钻就位→引孔至设计桩底以上 2 m→冲击锤就位→吊桩→焊接桩尖→桩身垂直度校正→锤击沉桩→接桩→锤击沉桩至设计标高→桩头处理。

成桩后进行静载试验检测,根据静载所需的预压重量,进行预压块预制和横梁加工,共计预压块 780 块,重 2 650 t,共加工检测用横梁 15 道。管桩静载试验如图 4-20 所示。

(a) 环切管桩

(b) 千斤顶安装

(c) 横梁吊装

(d) 预压块吊装

图 4-20　管桩静载试验

静载试验表明，三组管桩承载力均超过三倍的桩顶设计值，承载力满足试桩要求。

根据现场地质情况，和若铁路地层多以细圆砾土为主，管桩打入困难，且当地无预制管桩的生产厂家，运输成本大幅增加，预制管桩无应用优势，和若铁路未采用预制管桩。

第三节　预制装配式桥墩现场实尺试验研究

为得到装配式桥墩墩柱开裂强度、屈服强度及最大承载力荷载—位移曲线，明确桥墩拼接处的受力状态及破坏模式，根据理论分析结果开展装配式桥墩现场实尺抗震试验。试验场地布置如图 4-21 所示。

图 4-21　试验场地布置

现场三个实尺试验墩高度为 8 m、12 m 和 15 m，对灌浆套筒连接、预应力钢筋连接和承插式连接的可靠性进行研究，同时对预制管桩、装配式承台及装配式桥墩组成的全预制下部结构的施工工艺开展研究。墩顶设置竖向及水平加载装置，竖向力模拟桥墩在运营情况下的受力状态，分级加载水平力，得到墩柱开裂强度、屈服强度及最大承载力的荷载—位移关系曲线，明确桥墩拼接处的受力状态以及抗震破坏模式。

试验步骤为：提升设置在竖向反力架和桥墩盖梁之间的千斤顶，在桥墩顶向下施加 2 000 kN 竖向荷载，竖向荷载在整个试验过程中保持恒定不变。在墩顶部施加水平 5 mm 的位移荷载，以检测所用的试验设备是否工作正常。逐级施加墩顶水平位移荷载，按照 5 mm、10 mm、15 mm、20 mm、25 mm、30 mm、35 mm、40 mm、45 mm、50 mm、55 mm、60 mm、65 mm、70 mm、75 mm、80 mm、85 mm、90 mm 逐级施加，每个荷载幅值下稳定 5 min，观测试验墩裂缝开展情况。

三种连接形式裂缝开展如图 4-22 所示，试验结论如下：

(a) 灌浆套筒连接　　(b) 承插式连接　　(c) 预应力浅槽连接

图 4-22　不同连接方式实尺破坏试验

1. 裂缝开展及桥墩破坏模式

(1)试验中通过裂缝观测以及混凝土、钢筋应变片测试数据，明确 8 m 灌浆套筒连接、12 m 预应力承插式连接以及 15 m 预应力浅槽式连接试验墩的破坏形态均属于以弯曲为主的延性破坏，墩身形成塑性铰区域，塑性铰高度与截面直径大致相同。

(2)8 m 试验墩中，灌浆套筒预埋在墩身底部，灌浆套筒的两个端面存在刚度突变，分界面处薄弱。破坏形式为随着荷载的增大混凝土开裂、钢筋屈服。

(3)12 m 试验墩中，墩底无填芯混凝土的墩柱，只在墩底 20 cm 高度范围内产生贯穿整个受拉侧的环向裂缝；墩底有填芯混凝土的墩柱，除了有贯穿墩底的环向裂缝外，在填芯混凝土高度附近，以刚度突变界面为起始点，沿轴向产生竖向裂缝。

(4)15 m 试验墩墩身的裂缝均是贯穿整个受拉侧的环形裂缝，墩底有填芯混凝土的墩柱裂缝明显多于墩底无填芯混凝土的墩柱。两墩身节段拼接缝处产生裂缝。

2. 抗震性能验证

(1)8 m 灌浆套筒连接试验墩在 6 度(0.05g)、7 度(0.15g)地震作用下,桥墩处于弹性状态,8 度(0.2g)、9 度(0.4g)地震作用下,试验墩处于弹塑性状态。

(2)12 m 预应力承插式连接试验墩在 6 度(0.05g)、7 度(0.15g)地震作用下,桥墩处于弹性状态。8 度(0.2g)地震作用下,试验墩处于弹塑性状态。

(3)15 m 预应力浅槽式连接试验墩在 6 度(0.05g)、7 度(0.15g)地震作用下,桥墩处于弹性状态,8 度(0.2g)、9 度(0.4g)地震作用下,试验墩处于塑性状态。

研究表明,不同连接方式实尺破坏试验统计分析曲线如图 4-23 所示,三种连接方式受力性能均能满足要求,7 度及以下地震作用下,桥墩处于弹性状态。根据和若铁路特点,选择浅槽式连接。

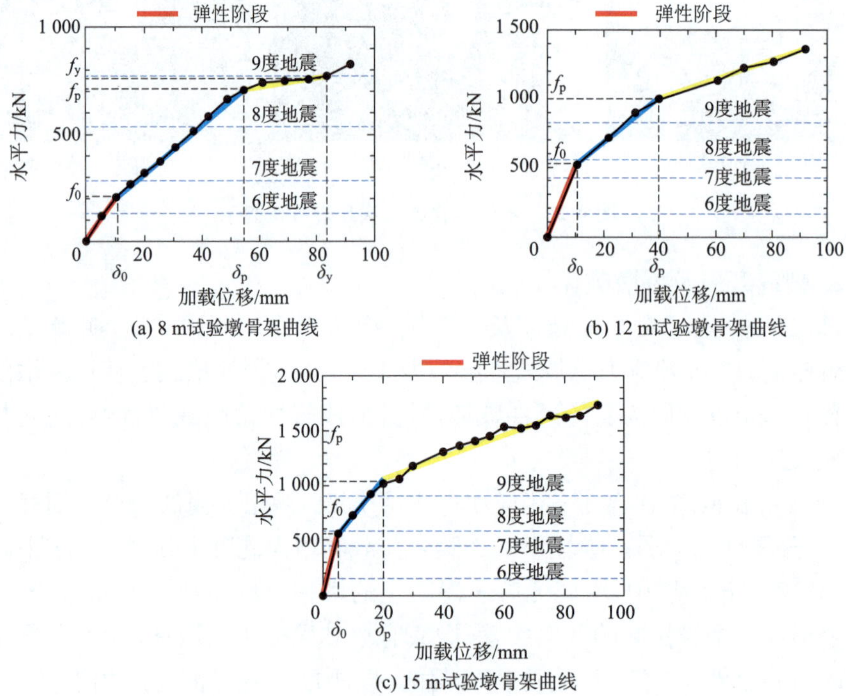

图 4-23　不同连接方式实尺破坏试验

第四节　预制装配式桥墩工厂化生产

一、工厂化生产

预制场结合地形地貌、环境情况和对邻近建筑的影响等因素进行综合比选和确定，充分考虑预制台座、存放台座、机械设备和其他生产工具自重的影响。充分考虑预制构件的预制工艺和运输吊装工艺，合理划分办公生活区、存放区、构件加工区域，设置钢筋加工车间、混凝土拌和系统、大吨位起重设备、专用台座、混凝土浇筑养生系统、运输道路、防排水设施等，并应满足预制构件周转使用场地的要求。

1. 预制场设置

和若铁路装配式桥墩预制场划分为混凝土生产区、钢筋加工区、预制生产区及生活办公区，总占地面积 72 858 m^2。预制场布置如图 4-24 所示。

混凝土生产区：预制场和其他工区共用，平面尺寸 175 m×96 m，配置 HZS120 搅拌楼 1 座(预制场专用)和 HZS180 搅拌楼 1 座，拌和站 10 080 m^2，配有 120 t 电子汽车秤 1 台，300 t 粉罐设置 4 个，150 t 粉罐 5 个，50 型装载机 2 台、混凝土运输车 10 辆。

钢筋加工区：平面尺寸 50 m×100 m，配置封闭式钢结构厂房，设置两条钢筋生产线，分别为盖梁钢筋制作生产线和墩柱钢筋制作生产线，每条生产线配置 1 台 10 t 门吊、数控钢筋剪切线 1 套、数控弯曲中心 1 套。

预制生产区：平面尺寸 145 m×325.5 m，为露天式生产区，设置有 4 条预制生产线，分别为 1.8 m 墩柱预制生产线 1 条、2.0 m 墩柱预制生产线 2 条和盖梁预制生产线 1 条，每条生产线设置有钢筋模板整装区、预制区和存放区。设置墩柱预制台座 80 个，墩柱模板 32 套，墩柱存放台座 298 个；盖梁预制台座 16 套、盖梁模板 12 套，盖梁存放台座 91 个。共配置 80 t 门吊 7 台、30 t 门吊 1 台、20 t 门吊 2 台、10 t 门吊 2 台。

喷淋养生系统：为满足预制构件规模化、生产工厂化及质量需要，预制生产区以及存放区采用自动喷淋养生系统对混凝土构件一布一膜覆盖养生。主管道采用 ϕ80 mmPE 管、支管道采用 ϕ25 mmPE 管。养护水采用深井水，在场内施工井深 180 m，直径 400 mm 深水井 1 口。现场设置沉淀池、循环池、加压泵，养生用水可循环利用。

蒸汽养护系统：预制场设置蒸汽养护系统，配置 2 台 4 t 锅炉，蒸汽管道一

图 4-24　预制场布置

次敷设到预制台位处。生产区预制台位设开合式养护罩，设置养护靠架，防止大风刮倒养护罩，养护靠架主要采用 H400×400 及 H300×300 型钢，用量 135 t。

2. 墩身预制

ϕ2.0 m 墩柱底节设置有定位榫，顶部内腔为变截面，为便于安装拆除内模，预制时顶部朝下，先安装钢筋笼再安装内模，其他墩柱均按先安装内模后安装钢筋的顺序施工。

墩柱钢筋笼加工工艺：墩柱钢筋笼加工时，内、外两层钢筋笼单独加工，完成后内笼水平滑入外笼，安装内外笼间拉钩筋以及预应力波纹管，完成墩柱钢筋笼加工。墩柱外笼主筋位于箍筋内侧，结构形式同桩基钢筋笼，采用与桩基钢筋笼相同工艺加工。主筋安装时钢筋笼端部设置挡板，控制主筋端面在一个平面上且保持主筋与端面垂直。墩柱内笼主筋位于箍筋外侧，无法按桩基钢筋笼工艺进行加工，采用预先固定主筋后穿箍筋的方案。钢筋笼制作如图 4-25 所示。

墩柱采用圆形空心墩，ϕ2.0 m 墩柱内腔直径为 1.2 m，ϕ1.8 m 墩柱内腔直径为 1.0 m，空间狭小，常规拼装式内模安装拆除困难，工效较低、施工质量不易控制。现场采用电动推杆收缩和液压油缸收缩两种内模的形式，内模整体刚度大，墩柱预制结构尺寸及外观质量得到有效控制，同时内模可整体吊装和拆除，解决了人员进入狭小内模空间操作的困难，大大提高了施工效率。

利用纺锤原理，采用可收缩胎架配合钢筋笼绕丝机完成螺旋箍筋的滚扎。具体步骤为：根据钢筋笼内侧箍筋直径制作可收缩胎架，误差为±2 mm；调整撑拉螺杆，将胎架外径调整至设计直径，误差为±3 mm；将胎架放置在滚笼机滚架上，利用钢筋笼绕丝机盘绕螺旋箍筋；螺旋箍筋盘绕后调整间距，安装绑

图 4-25　钢筋笼制作图

扎主筋，再安装焊接钢筋笼加劲箍；收缩胎架、移出胎架，内侧钢筋笼成形。

墩柱钢筋笼、模板安装流程：安装钢筋笼→钢筋笼拉设缆风绳→吊装内模→调整内模垂直度→安装预埋件→安装外模→调整外模垂直度→安装顶面定位盘→安装操作平台。钢筋笼安装如图 4-26 所示。

图 4-26　钢筋笼安装图

预应力孔道定位：预应力钢筋连接现浇承台、预制墩柱、预制盖梁，确保墩柱预应力孔道与承台及顶部盖梁孔道精确对位，如孔道错位，预应力孔道压浆过程中拼缝位置容易出现漏浆现象，孔内浆体压力无法保障，进而影响工程质量。现场在墩柱底模设置定位榫、顶部设置定位环，将波纹管底部插入底模定位榫、顶部穿入定位环，混凝土浇筑过程中不得移动模板上口的定位环，此方法可精确定位预制墩柱预应力孔道位置。

混凝土浇筑遵循以下原则：墩柱混凝土浇筑采用串筒辅助施工，串通对称放置两个，左右对称浇筑，出料口距混凝土浇筑面不宜超过 2 m。浇筑混凝土时，应避免振捣器碰撞预应力孔道、预埋件等，发现有松动、变形、移位时应及时处理。混凝土振捣时，每一振点的振捣延续时间以混凝土不再沉落、表面泛浆为度，防止过振、欠振、漏振。振捣过程应加强检查模板支撑的稳定性和接缝的密合情况，防止在振捣混凝土过程中产生漏浆。混凝土浇筑完成后，应及时修整、抹平混凝土顶面，待表面混凝土初凝时进行第二遍压光精平，控制混凝土顶面平整度控制在 2 mm/m。混凝土浇筑如图 4-27 所示。

图 4-27　混凝土浇筑

墩柱吊装及存放：预制墩柱混凝土强度达到设计强度 90%以上，方可进行吊装。吊装采用通长钢棒穿入吊装孔，安装吊装钢丝绳，旋紧钢棒两端螺母防止钢丝绳滑移，在钢丝绳与墩柱外表面接触位置包裹土工布，防止损伤混凝土表面(该吊装方式获一项实用新型专利)；墩柱存储采用竖立的方式，存放台座沿墩柱底部四周均匀焊接 4 个 50 cm×40 cm 限位牛腿，使用 20 cm×20 cm 的三角木楔将牛腿及墩柱之间的缝隙楔紧，保证墩柱存放稳定性(该固定方式获一项实用新型专利)。墩柱吊装及存放如图 4-28 所示。

盖梁预制：浇筑混凝土盖梁底座，摆放盖梁底座板，并打磨除去底座板上的锈迹，涂刷模板漆以保证混凝土外观质量。

盖梁钢筋绑扎完成后支立盖梁侧模，分层浇筑盖梁混凝土，先浇筑盖梁榫

图 4-28　墩柱吊装及存放

部混凝土，后浇筑盖梁混凝土。混凝土浇筑完成后，拆除侧面模板，采用塑料薄膜包裹养生。

二、沙漠地区养护技术研究

当混凝土表面水的蒸发速度大于混凝土的泌水速度时，就会由于表面失水而导致混凝土在终凝之前就产生表面收缩，裂缝在混凝土终凝之前形成，一般分布不规则，易出现龟裂状。和若铁路位于塔克拉玛干沙漠南缘，气候干燥、多风，昼夜温差大，若混凝土表面暴露，会使混凝土中水分迅速蒸发，产生塑性收缩裂缝，给预制施工养护带来一定的难度。

经系统分析研究，充分考虑构造、工艺及养护因素，采取了预制桥墩早龄期裂缝防控及戈壁沙漠气候干燥地区养护技术措施，有效防止了预制桥墩墩柱表面收缩裂缝出现。主要技术要点：

1. 调整混凝土性能

将混凝土入模坍落度控制在 150～170 mm，调整外加剂母液中的保坍成分，使 3 h 坍落度损失控制在 20 mm 以内，扩展度损失控制在 35 mm 以内，提高混凝土施工性能，调整砂的细度模数控制在 2.6～2.9 之间，增强混凝土砂浆的握裹性能，减少下料和振捣过程中砂浆流失堆积。

2. 控制施工工艺

将混凝土浇筑下料点增加至 3 个，禁止混凝土采用振动棒赶料，造成浆体流动堆积。增加混凝土振动棒数量，减小上下来回提放振动棒的工作量，控制分层振捣厚度及时间。混凝土浇筑至顶层时，检查浮浆厚度，采用超灌混凝土将浮浆挤出，将收光抹面次数增加至 3 次。

3. 增设防裂措施

在墩身顶部、底部增设防裂钢筋网片，净保护层厚度 35 mm，提高混凝土初期的抗裂性能。在预留孔道顶部增设井字形加强钢筋，提高薄弱部位的抗裂性能。在新浇混凝土顶面均匀洒布聚丙烯纤维，提高混凝土表面在干缩、收缩时的抗裂性能。

4. 改进养护措施

混凝土浇筑完成后，顶面精平压光后贴上一层塑料薄膜，防止风吹日晒水分散失引起的表面收缩裂缝。混凝土表面终凝，待表面轻按无痕迹时，在顶面布设环形滴管进行滴水保湿养护，顶面铺设土工布覆盖，不间断滴水保湿养护，带模养护 3 d，养护总时间不少于 14 d。拆模后，墩身采用包裹一层土工布加一层薄膜的“一布一膜”方式，不间断滴水保湿养护。设置净化池、蓄水池，抽取的深井水在蓄水池中提前静置 3 d，保证养护用水温度，养护用水通过净化循环使用。现场墩柱养护如图 4-29 所示。主要养护流程如下：

图 4-29 墩柱养护

(1)混凝土浇筑完成后，顶面精平压光后贴上一层塑料薄膜，防止风吹日晒水分散失引起的表面收缩裂缝。

(2)待混凝土表面轻按无痕迹时，在顶面布设环形滴管进行滴水保湿养护，顶面铺设土工布覆盖。

(3)墩柱在预制台座上带模保湿养护至强度达到设计强度的75%，方可拆模。

(4)拆模后需及时对混凝土进行养护，养护采用一布一膜喷淋保湿方式进行，即包裹一层土工布+一层塑料薄膜+顶面不间断喷淋保湿的方式，养护时间不少于14 d。

(5)因沙漠地区水源来自深井地下水，为减少养护时混凝土内外温差，将井水抽至蓄水池静置至大气温度后使用。

(6)进入冬期施工后采用蒸汽养护。

第五节 预制装配式桥墩拼装施工新技术

一、构件移动及吊装措施

墩身在运输、拼装过程中需要水平运输、旋转及竖向吊装。和若铁路装配式桥墩采用钢绞线及钢棒可拆卸构件，快速连接、快速吊装，实现预制构件多体态运转，墩身吊装如图4-30所示。

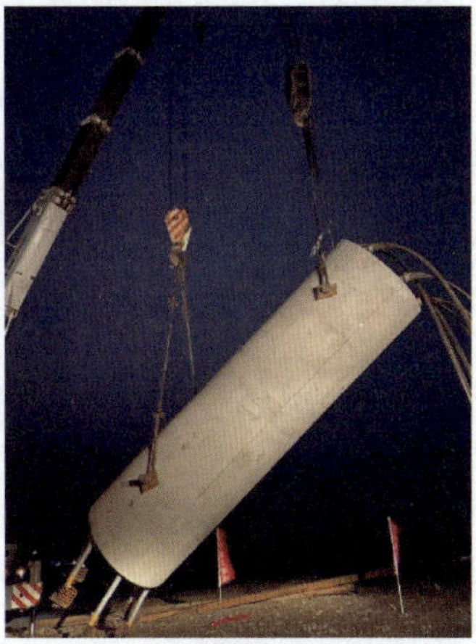

(a) 斜向吊装

(b) 竖向吊装

图4-30 墩身吊装

临时设施及吊装设备的设计共申报并授权 3 项实用新型专利。

构件设计时，注重吊装定位细节，盖梁及桥墩接缝处预留凸出的定位榫，帮助桥墩快速定位，盖梁底部定位榫如图 4-31 所示，临时定位设施设计及现场应用如图 4-32 所示。

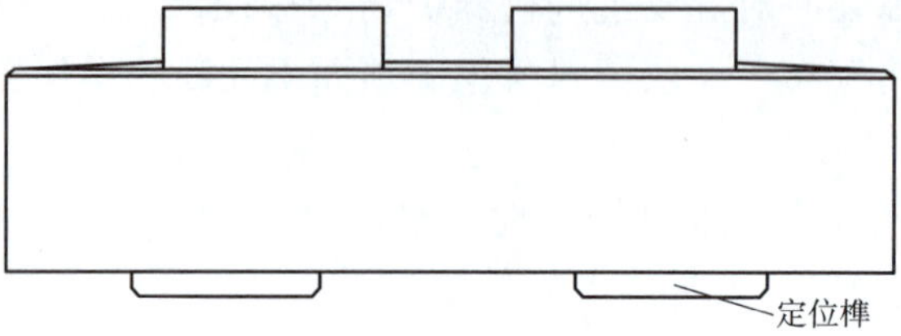

图 4-31　盖梁底部定位榫

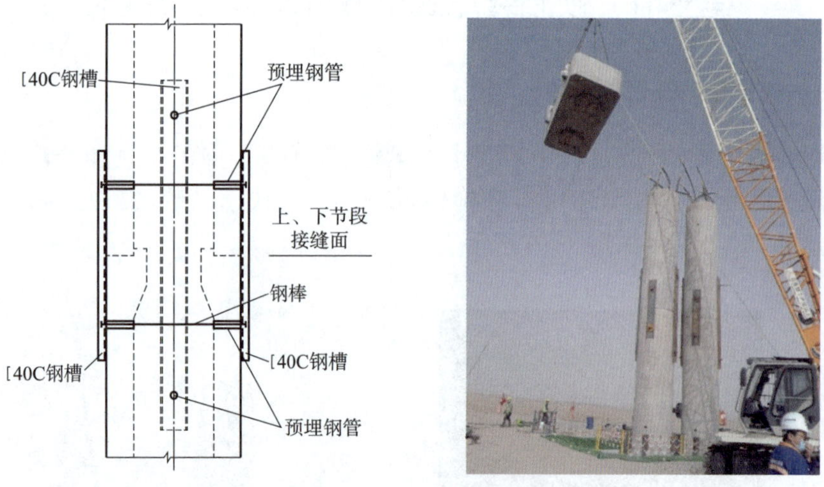

图 4-32　临时定位设施设计及现场应用图

盖梁底部设置高 15 cm 定位榫，现场拼装时，定位榫插入空心墩内，墩身下节段顶部设置 10 cm 高定位榫，上部墩身节段可迅速定位，提高盖梁与墩身的定位精度，同时，定位榫还提高了接缝处的抗剪性能。

预应力尚未张拉时，墩身属可变体系，须采用简便可靠措施实现墩身节段临时固结。采用槽钢、钢棒和螺栓实现快速连接，安全可靠且拆除方便，墩身不需要额外装置。墩柱节段临时固定设计授权一项实用新型专利。

二、拼装桥墩施工

施工承台并预留预应力钢束锚固端锚穴，将预应力钢绞线束锚固于承台内，预制构件运至现场后，墩柱穿索并临时固结，随后吊装盖梁，于盖梁顶部张拉预应力钢束，最后进行预应力管道灌浆。拼装流程如图 4-33 所示。

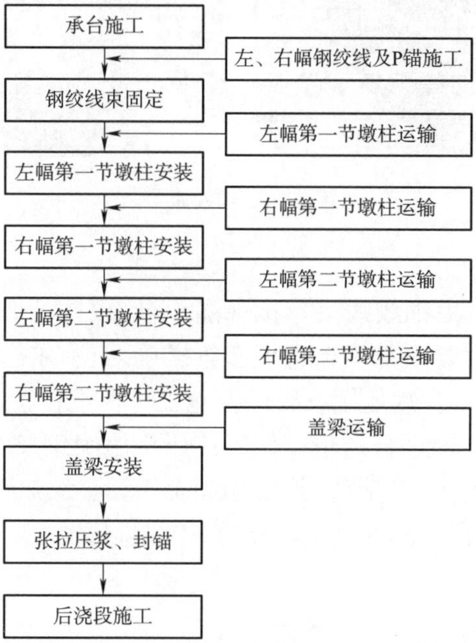

图 4-33　拼装流程

1. 承台施工及锚穴定位技术

预应力钢束承台内锚穴直径 0.48 m，深 1.6 m，如用一般 PVC 管或模板，其不易定位、施工困难且模板损耗极大。

和若铁路采用一种小直径可拔出钢直筒作为锚穴模板，同时采用定位钢支架固定钢直筒，解决了锚穴成孔难题。即在承台顶面安装定位钢支架，定位钢支架具有固定钢套筒、控制钢套筒的位置和标高、防止浇筑混凝土过程中钢套筒上浮的作用。钢套筒涂抹黄油后在外侧包裹一层 2 cm 厚的闭孔发泡聚乙烯，待混凝土达到一定强度，采用千斤顶顶拔钢套筒，将钢套筒抽出承台混凝土，再清理出包裹的闭孔发泡聚乙烯，完成直筒预留锚穴孔的成形。锚穴施工如图 4-34 所示。

图 4-34　锚穴施工

2. 钢绞线锚固施工

装配式桥墩预应力钢绞线束连接现浇承台、预制桥墩、预制盖梁，拼装时墩柱底部预应力孔道要求与承台预埋套管准确对位，承台预埋套管定位精度要求高，施工定位困难。现场钢绞线锚固施工时在承台顶部设置钢定位架，对钢绞线及预埋套管位置进行定位。使用挤压机施工钢绞线端头的挤压套筒，完成后安装锚固端垫板、弹簧筋、约束环和套管，将安装完成的钢绞线锚固段放入锚穴、浇筑锚穴自流平混凝土，完成钢绞线锚固施工。钢绞线承台端锚固施工如图 4-35 所示。

图 4-35　钢绞线承台端锚固施工

3. 装配式桥墩拼装

桥墩拼装顺序：施工准备→第一节墩柱拼装→后浇填芯段施工→第二节墩柱拼装→盖梁拼装→预应力施工→支座垫石浇筑。

桥墩安装前完成现场准备。回填基坑,并对吊装区域进行整平,同时选择适当的位置设置墩柱翻身沙坑。拼装前对承台表面平整度、高程、墩柱中心间距等关键部位量测,发现问题修整达到要求后方可拼装。对预制墩柱长度、直径、端部接触面平整度等关键部位进行量测,不符合要求的需在预制场内处理合格后方可出场。

预应力锚固采用自沉式锚具,锚固装置预先锚固于承台内。吊装预制桥墩构件,穿束是整个拼装过程中的重难点,为了降低穿术难度,提高穿术效率,现场采用了一种钢束牵引绳牵引、构件安装同步进行的工艺。利用环氧树脂粘钢胶将已进行编号的每根钢绞线黏结在一起,形成中间尖的圆锥状,将中间一根钢绞线穿入填塞环氧树脂粘钢胶的钢套中,钢套端部设置有牵引绳连接的环扣,采用 3 mm 的薄钢板焊接成锥筒,套在钢绞线束端头,以便钢绞线束能够顺利入孔。使用 6 根 $\phi12$ 细钢丝绳作为牵引线,其长度与钢绞线束一一对应并进行编号。利用登高车将 6 根牵引线从墩柱顶面波纹管口下放至底面,牵引线一端挂在 25 t 起重机小钩上,另一端与钢绞线张拉端进行连接。起吊桥墩构件和提升牵引线同步进行,使钢束入孔、构件就位。

第一节墩柱吊装前,对预制墩柱底面及承台顶拼接面进行清理整平,采用水平尺进行复测。采用打磨机对混凝土进行适当打磨,保证拼接面的平整度。在承台顶面放样确定墩柱中心线及墩柱外轮廓线,用墨斗在墩柱上弹出与承台相接的墩柱十字线。为防止钢绞线束穿入墩柱预应力孔道时错位,使得钢绞线在穿束完成后扭转,导致墩柱无法安装,现场利用环氧树脂粘钢胶将进行编号的钢绞线束端头黏结成整体。墩柱起吊后,将钢绞线束穿入墩柱预应力孔道,然后将墩柱缓慢下放至设计位置 1 m 处涂抹承台与墩柱间拼缝胶,根据测量放样的“十”字线调整墩柱平面位置下放墩柱,安装临时调整牛腿对墩柱进行临时固定。第一节墩柱吊装如图 4-36 所示。

图 4-36　第一节墩柱吊装

承台拼接面平整度直接影响墩柱垂直度，为满足墩柱垂直度要求，施工承台拼接面平整度要求偏差不大于每 2 mm/2 m，现场控制精度难以达到要求。

根据现场施工情况，通过研究将承台与墩柱接缝由胶拼优化为灌浆湿接缝，优化后墩柱与承台间预留不小于 2 cm 间隙，以满足墩柱垂直度调整需求。底层墩柱底灌浆施工如图 4-37 所示。

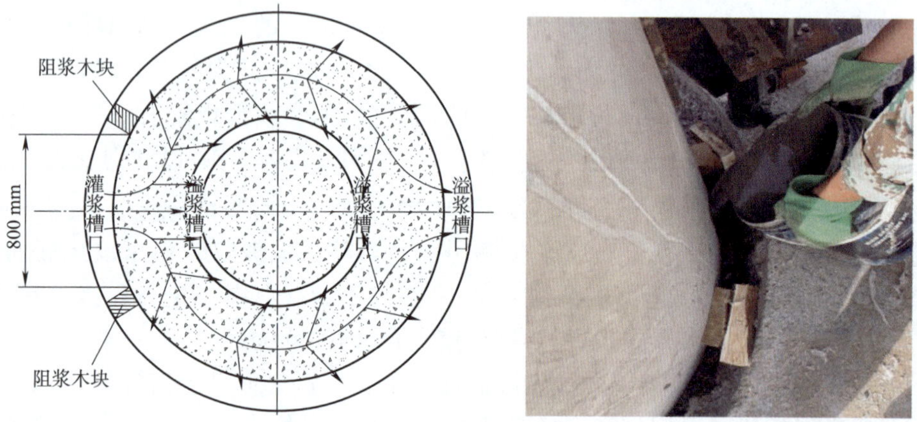

图 4-37　底层墩柱底灌浆施工

第二节墩柱吊装前，应将其水平放置，对第二节墩柱底面及底节墩柱顶面进行清理整平，严格控制接触面平整度，对底节墩柱顶进行复测，确保其平整度。在接触面上放出十字线，方便第二节墩柱初步定位使用。第二节墩柱穿入钢绞线后，将墩柱缓慢下放第一节墩柱顶部。作业人员利用登高车升至第一节顶面对构件的表面进行清洁处理，将混凝土表面的灰尘杂物清洁干净，保证混凝土表面坚固、密实、平整，不带油脂。第二节墩柱下放至第一节墩柱上时，履带式起重机不能完全松钩，对墩柱进行精调，调整完之后第二节墩柱再提升 45 cm。

配制拼接用结构胶，用长柄刮胶板将搅拌好的结构胶迅速均匀地刮抹到构件的粘贴面。刮抹的厚度不小于 3 mm，拼缝胶以能拼接溢胶，粘贴密实为准。预制构件对接后，刮干净拼缝溢胶，确保各管道无溢胶堵塞，篷布覆盖防雨、防风沙，固化过程避免扰动。风沙天气，要采用围挡措施，防止风沙掺入结构胶内，影响结构胶性能。随后继续下落第二节墩柱，安装墩身节段临时定位装置，拧动 M64 螺栓，缓慢调整第二节墩柱位置，测量顶面高程及垂直度、水平度，确保符合设计要求。使第二节墩柱底与底节墩柱顶面紧密连接，在胶黏剂固化之前不得对其进行扰动，等待结构胶固化后即可进行下一道工序。第二节墩柱吊装及密封胶的涂抹如图 4-38 所示。

图 4-38　第二节墩柱吊装及密封胶的涂抹

墩身节段临时定位固定装置完全拧紧，确保墩柱稳定后，130 t 履带式起重机脱钩。工人采用登高车拆除牵引钢丝绳，25 t 汽车式起重机落钩。

4. 盖梁安装

盖梁吊装前，对预制盖梁底面及第二节墩柱顶面进行清理，对墩柱高程、垂直度、水平度进行复测，确保盖梁能够顺利拼装。

采用 130 t 履带式起重机整体起吊预制盖梁，工人在登高车上，采用长叉、长钩等工具将钢绞线推入预应力孔道，缓慢降落盖梁。盖梁下落至距离接触面 45 cm 时，对预制盖梁底及顶节墩柱顶面快速涂抹胶并进行密贴。

移动预制盖梁，对位拼接，待盖梁就位后，测量顶面高程及水平度，确保符合设计要求。

5. 钢束张拉

承台锚穴内混凝土强度及弹性模量达到 100%设计值且混凝土龄期不少于 7 d，搭设张拉平台，采用四台 250 t 的穿心千斤顶按照设计图纸要求对钢绞线进行对称张拉，张拉采用二次张拉方式进行。

第一次预应力张拉应分级进行，按照：$0 \rightarrow 10\%\sigma_{con} \rightarrow 20\%\sigma_{con} \rightarrow 100\%\sigma_{con}$（持荷 5 min）→泄压锚固，拆下工具锚、千斤顶及限位板等。

第一次张拉完成，待锚具回缩量完成后进行第二次张拉，步骤为：启动油泵，开始二次张拉，按照：0→50%σ_{con}→100%σ_{con}(持荷 5 min)分级张拉，张拉控制应力后，通过撑脚侧面空间，利用扳手旋动承压螺母抵靠在锚垫板上，千斤顶回油锚固。

张拉完毕后，依次拆除工具锚、千斤顶、撑脚、放松套筒等，检查钢绞线及锚固体系，完成张拉。

第二次张拉锚固后，钢绞线的回缩量为螺母的压密量以及两次锚固应力差形成的夹片微小回缩量不得超过 1 mm。

6. 孔道压浆

张拉完成后用砂轮机切除多余部分钢绞线，压浆前清理锚垫板及压浆孔内封堵物，用空压机压风清理管道内的杂物。压浆前需检查、清洗设备，防止压浆过程中废渣进入孔道，造成堵孔。二次张拉完成后 24 h(最迟不得超过 48 h)内完成压浆，压浆方式自下而上进行，浆体强度、流动度、凝结时间、泌水率、膨胀率、含气量等性能应符合设计要求。

拼装时墩柱与墩柱、墩柱与盖梁之间容易因预应力孔道对位不准确、拼缝间密封垫圈放置不规范等造成拼缝位置漏浆现象。接缝孔道位置设置闭孔发泡聚乙烯高压缩性密封垫圈，可有效预防装配式桥墩拼缝漏浆。

第六节　预制装配式涵洞

一、设计方案

1. 装配式涵洞

鉴于盖板涵边墙及基础为整体，吊装重量大，形状不规则，不利于预制、吊装、定位。和若铁路盖板涵共 5 座，为护涵，该类涵洞现浇施工。框架箱涵及圆涵涵节形状规则，涵身基础与涵节分离，涵节利于吊装，该类涵洞涵节可预制拼装。翼墙断面采用悬壁式挡墙形式，分节预制拼装；涵节基础现浇施工，以便于预制涵节定位，拼装。和若铁路框架箱涵涵节构造图如图 4-39 所示。

和若铁路圆涵设计采用钢筋混凝土圆形涵，施工方法为涵节集中预制，吊装至现场安装。该通用图涵节采用预制装配技术。

考虑运输条件及起吊重量，为减少接缝，多数涵节分节长度 2 m，少数 1 m 的涵节应用在出入口或中间调整涵长涵节。吊装重详见表 4-3。

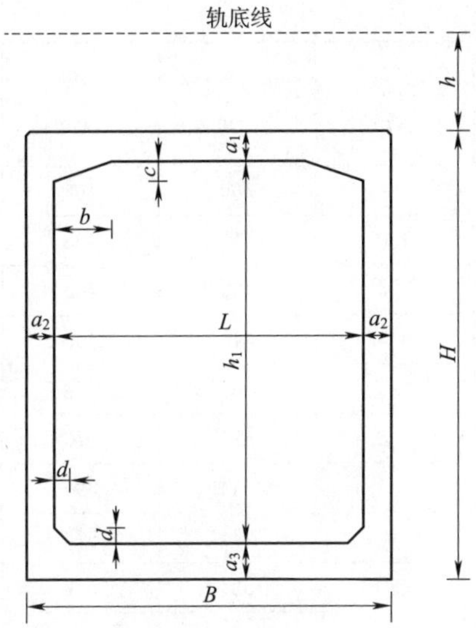

图 4-39　涵洞断面

表 4-3　框架箱涵预制吊装重

孔径/cm	填土高 H/cm	净高 h /cm	涵节高度 /cm	涵节宽度 /cm	涵节重 /($t \cdot m^{-1}$)	2 m 预制涵节吊装重 /t
150	120	200	240	186	4.7	9.3
150	300	200	244	190	5.1	10.3
150	600	200	248	198	5.6	11.3
200	120	200	244	240	6.0	12.1
200	120	250	294	240	6.6	13.1
200	300	250	298	244	7.2	14.3
200	600	250	306	248	8.0	16.0
300	120	200	262	356	11.0	22.0
300	120	250	312	356	11.8	23.5
300	120	300	362	356	12.5	25.0
300	120	350	412	356	13.2	26.5
300	300	350	418	364	14.7	29.5
300	600	350	428	368	16.2	32.4
400	120	530	610	468	22.4	44.9
400	300	530	624	480	26.2	52.5

续上表

孔径/cm	填土高 H/cm	净高 h /cm	涵节高度 /cm	涵节宽度 /cm	涵节重 /$(t \cdot m^{-1})$	2 m 预制涵节吊装重 /t
400	120	480	560	468	21.5	43.1
400	120	430	510	468	20.6	41.3
400	120	380	460	468	19.7	39.5
400	120	330	410	468	18.8	37.7
400	120	280	360	468	17.9	35.9
500	120	530	624	576	28.8	57.6
500	300	530	644	592	34.7	69.3
500	120	480	574	576	27.8	55.6
500	120	430	524	576	26.8	53.5
500	120	380	474	576	25.8	51.5
500	120	330	424	576	24.8	49.5
600	120	530	638	688	36.4	72.8
600	300	530	664	708	44.8	89.5
600	120	480	588	688	35.2	70.5
600	120	430	538	688	34.1	68.1
600	120	380	488	688	32.9	65.8
600	120	330	438	688	31.7	63.5

从表 4-3 可知，最大吊装重量为 89.5 t，最小吊装重量 9.3 t。

2. 吊装设计

小吨位吊环初拟用 HPB300 钢筋或 Q235B 圆钢制作，预制涵节设四个吊环，吊环直径均采用最大直径 18 mm，吊装重量为 7.6 t；吊装能力不足，改用由强度为 1 860 MPa 高强钢绞线制作成的吊环，由单根钢绞线制成的吊环吊装吨位为 38.8 t，由 2 根钢绞线成束制成的吊环吊装吨位为 77.6 t，由 3 根钢绞线成束制成的吊环吊装吨位为 116.4 t。

为减少吊环的锚固长度，吊环锚固端设锚固板和挤压套筒。吊环示意如图 4-40 所示，该项设计授权一项实用新型专利。

涵节最大轮廓尺寸为 6.88 m×6.38 m，超运输限界，公路部门严禁超限运输。和若铁路贯通施工便线按双车道考虑，路基宽度 7.5 m，所有类型的涵节不分块，涵节超宽运输可在施工便线通行。

如图 4-41 所示，考虑到吊装设备的起吊半径限值，针对跨径 3 m(包括 3 m)以下的涵节，只设一组吊环，吊环设于顶板边墙位置处；跨度大于 3 m 的涵节，设两组吊环，一组吊环设于涵节断缝处，用于涵节的装卸，另一组设于顶板边墙位置处，用于涵节安装和定位。

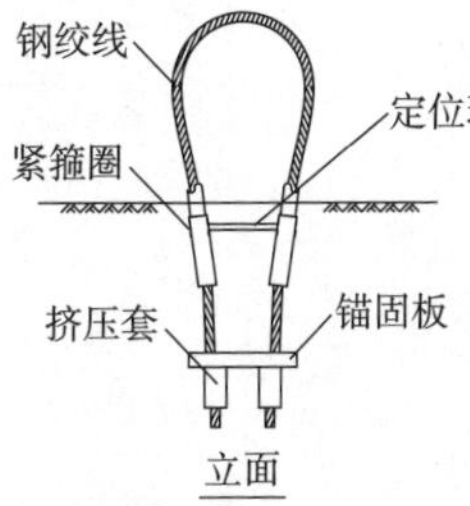

图 4-40　吊环示意图

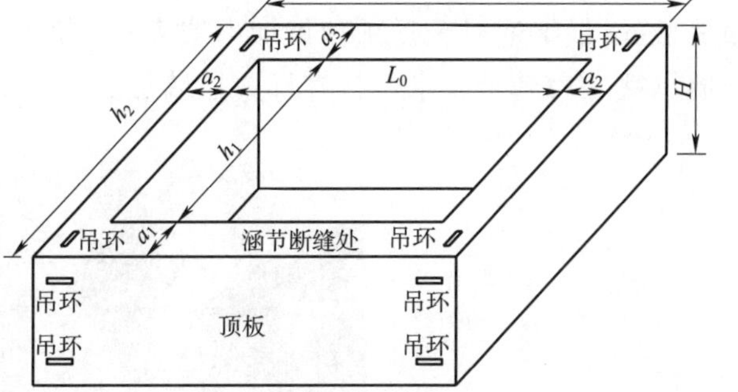

图 4-41　吊环布置图

3. 装配式挡墙

挡土墙采用承插型钢筋混凝土悬臂式挡墙，墙身与基础均采用 C45 混凝土，墙身与基础间左右各预留缝隙 2 cm，吊装完成后采用微膨胀砂浆灌注。装配式挡土墙一般构造如图 4-42 所示。

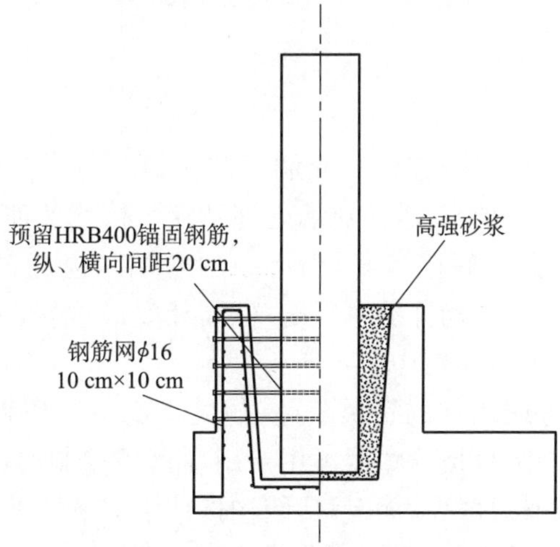

图 4-42　装配式挡土墙一般构造图

以反力架、加力架与张拉千斤顶组合对挡土墙进行加载。反力架、加力架以16号、25b工字钢为原材料，主要受力截面采用组合截面，连接方式为焊接。提前预制一块长8.5 m，宽4 m，高0.6 m的混凝土底座，预埋锚固钢筋。将焊接成形的反力架锚固于混凝土底座上，之后吊装挡土墙墙身与基础，最后吊装加力架，并完成剩余部分结构的焊接工作。将千斤顶直接放置于加力架上的横隔板处，最终通过千斤顶顶推加力架来达到加荷的效果。实验结果显示，挡土墙承载能力满足要求。拉螺杆式挡墙加载示意如图4-43所示。

图4-43 拉螺杆式挡墙加载示意图

二、应用情况

和若铁路试点完成一个装配式涵洞的施工，施工顺序为：场地准备、复查构件、基础安装、翼墙安装、基础与翼墙处理及涵节接缝处理。

基础安装时，先在基底铺砂浆，用特制的两端带齿的刮尺刮平后吊放构件，放下后暂不脱钩，检查构件的水平度、标高和安放位置，如达不到要求需吊起调整，完全符合要求后再摘钩。

吊装时要充分考虑构件的正负公差，使之搭配得当以保证建筑物的整体装配质量。构件间的竖直接缝宽度可用专用扁钢条控制，具体做法为：将该扁钢条扣挂在已安好的构件接茬面上，待装构件落下时紧靠扁钢条，安好后即可保证接缝符合要求；然后往缝内填满砂浆或细石混凝土，取出扁钢条即成。涵洞端翼墙拼装完成后，进行检查验收。

吊装前核查构件规格、尺寸和连接筋；墙位放线，拴好就位斜拉绳；在墙上端距端头 60～80 cm 处设置吊环，在吊环处卡环钢丝绳，再将起重机的钩绳与卡环相扣并用卡环卡住，使吊绳位于吊点正上方；起重机慢速起吊，待吊绳绷紧时再检查一次连接情况，无误后再起吊。缓缓落放到安装位置，双向控制其稳定，待端翼墙达到设计状态并经用全站仪检查无误后，即可用混凝土填塞杯口位置。图 4-44 和图 4-45 为涵节吊装、拼装。图 4-46 和图 4-47 为翼墙基础吊装、承插式翼墙拼装。

图 4-44　涵节吊装

图 4-45　涵节拼装

图 4-46　翼墙基础吊装

图 4-47　承插式翼墙拼装

安装时要确保吊点位置符合设计要求，吊绳绷紧时要先检查连接情况，无误后再缓缓起吊就位。就位时应使墙身与基础中线在一条线上，使之准确就位，然后将端翼墙两端用支撑顶平，摘掉钩绳，形成拼装完整的涵洞端翼墙工程。

图 4-48 为翼墙成品，图 4-49 为聚氨酯防水涂料、防水卷材止水带施工，在节段安装完成后应按照设计要求填塞 M10 砂浆，沿着接缝先涂抹一层 25 cm 宽聚氨酯防水涂料，再粘贴 50 cm 宽的 SBS 改性沥青防水卷材止水带。

图 4-48 翼墙安装完成

图 4-49 聚氨酯防水涂料、防水卷材止水带

第七节 主要技术成果

一、填补铁路预制装配桥墩验收标准的空白

和若铁路是路内首次开展铁路桥墩预制装配式技术研究和应用，为了规范项目的预制装配式桥墩施工技术应用，明确预制桥墩的施工技术要求，提高施工技术水平，保证施工质量和安全，在参照现有标准规范等要求的基础上，和若铁路公司组织编制了《新建和田至若羌铁路预制装配式桥墩施工质量验收细则》，用于进一步指导和规范和若铁路预制装配式桥墩的施工和验收，细则从原材料、施工准备、装配式桥墩预制、装配式桥墩存放、装配式桥墩运输、装配式桥墩拼装等方面，制定了详细的施工技术要求及验收标准。

二、提出装配式桥墩抗震设计方法

开展了实尺抗震试验，提出了预制装配式桥墩抗震性能设计方法。

首次开展现场实尺实验，研究 8 m、12 m 和 15 m 墩高采用不同的连接形式，在水平力作用下的破坏模式进而研究其抗震性能。其中，8 m 桥墩采用灌浆套筒连接；12 m 桥墩采用预应力承插式连接，即预应力锚固端放置在墩底，桥墩串联成整体后预埋在承台预留基坑里；15 m 桥墩采用预应力浅槽式连接，即将锚固端放置承台内，预应力钢束将承台、桥墩及盖梁连为整体。在三个桥墩墩顶施加梁部传来的恒载及活载竖向力，并分级施加水平力，研究桥墩承载力随水平力变化趋势及抗震性能，结果表明，三种连接方式均可靠有效，实尺实验结果与数值分析结果相符,其中预应力浅槽式连接表现最优,具有良好的抗震性能。

三、知识产权硕果累累

获得《一种用于预制墩身基础锚穴孔的定位装置及施工方法》等发明专利1项,《一种预制桥墩连接节点结构》《一种铁路预制装配式桥墩的预应力连接装置》《一种用于预制墩身基础锚穴孔的定位装置》等实用新型专利18项,发表论文3篇。取得知识产权22项,研究成果扎实丰富,为后续工程提供了借鉴。

第五章　精品站房美好站区

和若铁路沿线经过古丝绸之路南线，也是玉石之路、黄金之路、瓷器之路、文化交流之路。《汉书·西域传》记载："自玉门、阳关出西域有两道。从鄯善傍南山北，波河西行至莎车，为南道……"是由中原经新疆通往罗马的路线。沿线经若羌、且末、民丰、于田、策勒、洛浦、和田等地区。拥有南疆戈壁、沙漠地带特有的浓郁风情，高山雪水融化形成的条条河水，灌溉着片片绿洲，演绎出古城遗址、古墓洞窟等精彩的绿洲文化。在世界文化历史中，新疆这个中西方文化交流地带，是"人类文明的十字路口"地区，也是中原文化、印度文化、罗马文化、两河文化等文化的荟萃之地。通过这条东西交往道路上贸易、文化的双向交流，对融汇东西方文明的进步产生了重大影响。

根据国铁集团"交通强国，铁路先行"的理念，以"人民铁路为人民"为宗旨，积极贯彻"畅通融合、绿色温馨、经济艺术、智能便捷"理念和"优质、智能、绿色、人文、廉洁"建设目标，在建设进程中落实"创新、协调、绿色、开放、共享"精神。同时为推进铁路创新发展和加强铁路安全管理、做好"十四五"改善职工生产生活条件工作，努力满足广大职工对美好生活的新期待等一系列决策部署，充分发扬乌铁人"五种精神"（扎根边疆的创业精神、艰苦奋斗的献身精神、高度负责的主人翁精神、团结协作的集体主义精神、勇于创新的开拓精神），积极探索完善普速铁路运营维护管理模式，深入推进集团公司生产力布局调整和集约化管理要求，落实综合交通运输发展、保护自然生态和环境、节约土地和能源等政策法规，不断丰富集约化内涵，提高管理水平，增强建设服务运输意识，以便更好地服务运输生产一线，改善一线生产生活环境，发挥铁路建设项目最大投资效益。

将沿线独特风情和灿烂文化与站房站区设计相结合，建设环境优美、生态多样、景观和谐的绿色通道，实现国铁集团和乌鲁木齐局集团公司提出"打造精品站房、建设美好站区"的目标。

第一节　精品站房

铁路站房作为城市对外联系的门户，不仅承担具体交通性建筑的快速换乘功能，更是反映城市经济发展、展现城市地域文化和人文属性的重要场所。在建设中需要关注内外部交通疏解、与城市功能融合；更多采用绿色节能与环保技术，注重客站文化承载能力的提升与文化艺术的表达；在候车环境、购票乘车、智能旅客服务、差别化服务方面更契合广大旅客的需求；在设备使用、运维养护等方面向专业化、智能化方向进一步发展；在技术创新和投资控制上进一步完善；在安全、质量方面进一步精益求精。

和若铁路全线经过多个地区，地域文化特色显著，为充分体现新疆地域文化，实现"一站一景"精品站房建设，对站房设计及施工提出更高要求。

一、特点鲜明

和若铁路为国家重点铁路建设项目，东起格库铁路若羌站，向西沿昆仑山北麓和塔克拉玛干沙漠南缘经若羌、且末、民丰、于田、策勒、洛浦、和田等 7 个县市及新疆生产建设兵团第二师三十七团、三十八团和第十四师二二五团，终至喀和铁路和田站，线路全长 825 km，是南疆通往内地又一便捷通道的重要组成部分。

和若铁路全线设瓦石峡站、且末站、金山站、南屯站、民丰站、于田站、玉泉镇站、策勒站、洛浦站 9 座中间站，其中金山、南屯、玉泉镇为兵团城市客运站。中间站均办理客运业务，其中且末站、南屯站、民丰站、于田站、策勒站、洛浦站也可办理货运业务。图 5-1 为和若铁路沿线站点分布示意（注：客运站用红色站名表示）。

全线站房建筑面积合计约 54 187 m^2，站台雨棚建筑面积合计约 32 207 m^2，其他生产生活用房建筑面积合计约 111 696 m^2，客运车站规模及面积见表 5-1。

表 5-1　客运站房综合楼面积

站名	最高聚集人数/人	站房建筑面积/m^2	站型
洛浦站	300	5 148.41	线侧下
策勒站	300	5 148.41	线侧下
玉泉镇站	300	5 148.41	线侧下
于田站	300	5 965.27	线侧平

续上表

站名	最高聚集人数/人	站房建筑面积/m²	站型
民丰站	300	7 987.98	线侧下
南屯站	300	5 965.27	线侧下
金山站	300	5 148.41	线侧下
且末站	300	7 987.98	线侧平
瓦石峡站	200	5 687.00	线侧平
总建筑面积		54 187.14	

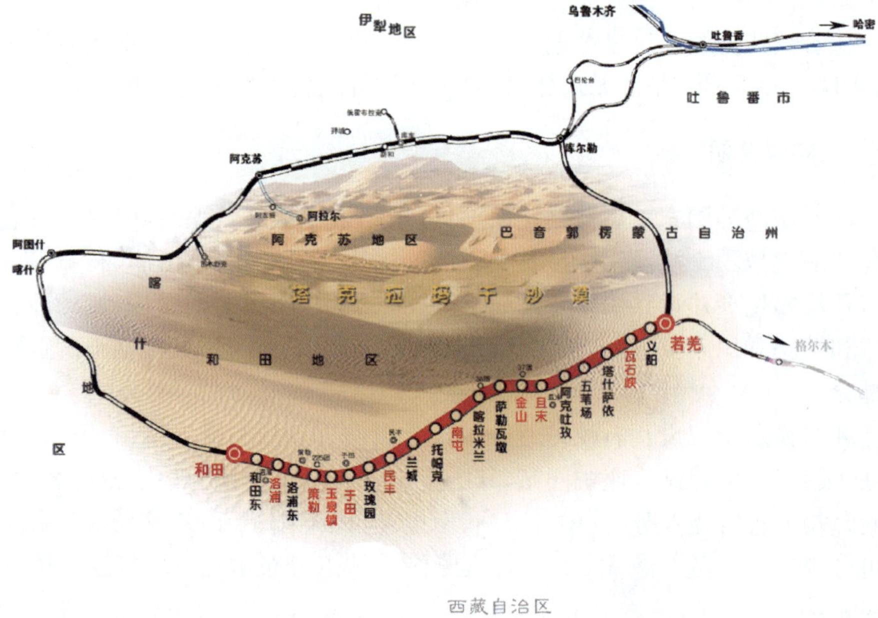

图 5-1　和若铁路沿线站点分布示意(注:客运站用红色站名表示)

1. 洛浦站

洛浦站位于新疆和田地区洛浦县,是和若线自和田方向向东的第一个办理客运作业的中间站。洛浦县古代属于阗国辖区,汉代属西域都护府管辖,是于阗国经济中心,境内河流主要有玉龙喀什河等,洛浦县是国务院授予的国家级非物质文化遗产手工羊毛地毯和艾德莱斯丝绸发源地,农业部命名的中国大枣之乡。

洛浦站为新建线侧下式站房。图 5-2 为洛浦站站房站前广场侧。按高峰小时乘客 300 人设计，房屋整合后，站房总建筑面积 5 148.41 m^2，为中小型站房，主要包括站房、站台有柱雨棚。站场规模：车站设客车到发线 4 条(含正线)，预留 2 条，有效长为 850 m。设 550 m×8 m×1.25 m 基本站台 1 座，预留中间站台 1 座。站台上设 100 m 长等宽有柱雨棚。车站Ⅲ象限设货场 1 座，设货物装卸线 1 条，预留 1 条，设 200 m×34 m×1 m 货物站台 1 座，200 m×25.5 m 堆场 1 座；设货场牵出线 1 条，有效长 250 m。Ⅳ象限设安全线 1 条，有效长 50 m。车站预留专用线接轨条件。

图 5-2　洛浦站站房

站房主体一层，局部二层。层高分别为：一层候车大厅层高 14.35 m；两侧辅助设备及办公生活用房一层层高 5.4 m，二层层高 4.2 m。站房一层中间主要是候车厅兼做进出站通道，候车厅右侧设置预留商业、贵宾室、变电所、综合机房及办公区域；左侧设置食堂及宿舍等生活区域，一层面宽 129.0 m，进深 25.2 m。建筑高度(室外地面至女儿墙顶)16.65 m。建筑耐火等级二级。屋面防水等级：站房钢筋混凝土屋面为Ⅰ级、站台雨棚钢结构屋面为Ⅱ级。结构选型：站台与雨棚为钢筋混凝土框架结构。抗震设防烈度：7 度。

2. 策勒站

策勒站位于新疆和田地区昆仑山北麓，塔克拉玛干沙漠南缘策勒县。策勒县是古丝绸之路南线重镇，是汉代属西域 36 国，古称渠勒国，隋唐时期，全境被古于阗国(今和田县、墨玉县、洛浦县境)吞并。策勒县以“金玉之邦、粮棉之仓、丝绸之路、瓜果之乡”著称，境内有达玛沟佛教遗址群、丹丹乌依里克古城为代表的汉唐时期众多的历史文化遗产。

策勒站是新建的办理客运作业的中间站，为新建线侧下式站房。图 5-3 所示策勒站站房站前广场侧。按高峰小时乘客 300 人设计,房屋整合后,站房总建筑面积 5 148.41 m²,为中小型站房,主要包括站房、站台有柱雨棚。站场规模:车站设客车到发线 4 条(含正线),预留 2 条,车站设 550 m×8 m×1.25 m 基本站台 1 座,550 m×10.5 m×1.25 m 中间站台 1 座,站台上设 200 m 长等宽有柱雨棚。车站设旅客地道 1 座。车站对侧预留贯通式货场 1 座,预留贯通式装卸线 1 条,预留尽端式装卸线 1 条。

图 5-3　策勒站站房

站房主体一层,局部二层。层高分别为:一层候车大厅层高 11.7 m;两侧辅助设备及办公生活用房一层层高 5.4 m,二层层高 4.2 m。站房一层中间主要是候车厅兼做进出站通道,候车厅左侧设置预留商业、贵宾室、变电所、综合机房及办公区域,右侧设置食堂及宿舍等生活区域,一层面宽 129.0 m,进深 25.2 m。建筑高度(室外地面至女儿墙顶)14.95 m,造型塔顶高 20.55 m。建筑耐火等级二级。屋面防水等级:站房钢筋混凝土屋面为Ⅰ级、站台雨棚钢结构屋面为Ⅱ级。结构选型:站台与雨棚为钢筋混凝土框架结构。抗震设防烈度:7 度。

3. 玉泉镇站

玉泉镇站位于新疆生产建设兵团十四师二二五团,地处和田地区东部的于田县境内,是新建团场,东离于田县城 35 km,西距策勒县 49 km,距和田市 145 km,北部边缘有 G315 东西向贯穿,交通便利。二二五团是兵团向南发展"一中心、三依托、八支点"中的重要支点。

玉泉镇站是新建的办理客运作业的中间站,是兵团城市客运站,新建线侧下式站房。图 5-4 所示为玉泉镇站站前广场侧。站房按高峰小时乘客 300 人设计,房屋整合后,站房总建筑面积 5 148.41 m²,为中小型站房,主要包括站房、站台有柱雨棚。站场规模:车站设客车到发线 3 条(含正线),预留 1 条,车站设 550 m×8 m×1.25 m 基本站台 1 座,站台上设 100 m 长等宽有柱雨棚。

图 5-4 玉泉镇站站房

站房主体一层,局部二层。层高分别为:一层候车大厅层高 15.5 m;两侧辅助设备及办公生活用房一层层高 5.4 m,二层层高 4.2 m。站房一层中间主要是候车厅兼做进出站通道,候车厅左侧设置预留商业、贵宾室、变电所、综合机房及办公区域,右侧设置食堂及宿舍等生活区域,一层面宽 129.0 m,进深 25.2 m。建筑高度檐口最高点 17.25 m。建筑耐火等级二级。屋面防水等级:站房钢筋混凝土屋面为Ⅰ级、站台雨棚钢结构屋面为Ⅱ级。结构选型:站台与雨棚为钢筋混凝土框架结构。抗震设防烈度:7 度。

4. 于田站

于田站位于新疆和田地区昆仑山北麓,塔克拉玛干沙漠南缘于田县。于田县是古丝绸之路南道的重镇,具有悠久的历史。于田以汉代古国于阗名命名,简称于田,是古代西域佛教王国,中国唐代安西都护府安西四镇之一。

于田站是新建的办理客运作业的中间站,为新建线侧下式站房。图 5-5 为于田站站前广场侧。按高峰小时乘客 300 人设计,房屋整合后,站房总建筑面积 5 965.27 m^2,为中小型站房,主要包括站房、站台有柱雨棚。站场规模:车站设客车到发线 4 条(含正线),预留 2 条,车站设 550 m×8 m×1.25 m 基本站台 1 座,550 m×10.5 m×1.25 m 中间站台 1 座,站台上 550 m 长等宽有柱雨棚。车站设旅客地道 1 座。车站Ⅰ象限设综合维修车间 1 处,场区内设 2 条 300 m 综合检修列停放线、1 条轨道车库线;配套线路维修牵出线 1 条,有效长 450 m。车站对侧设货场 1 座,货场设货物装卸线 1 条,预留尽端式装卸线 1 条,设 300 m×34 m×1 m 货物站台 1 座、300 m 堆场 1 座;预留货场扩建条件。货物装卸线在两端咽喉各设安全线 1 条,有效长 50 m。

图 5-5　于田站站房

站房主体一层,一层候车大厅左侧二层,右侧三层。层高分别为:一层候车大厅层高 17.6 m;左侧辅助设备及办公用房一层层高 6.3 m,二层层高 7.2 m;右侧生活房屋一层 5.4 m,二层 4.2 m,三层 3.9 m。站房一层中间主要是候车厅兼做进出站通道,候车厅左侧设置预留商业、贵宾室、变电所、综合机房及办公区域,右侧设置食堂及宿舍等生活区域,一层面宽 129.0 m,进深 25.2 m。建筑高度(室外地面至女儿墙顶)20.5 m。建筑耐火等级二级。屋面防水等级:站房钢筋混凝土屋面为Ⅰ级、站台雨棚钢结构屋面为Ⅱ级。结构选型:站台与雨棚为钢筋混凝土框架结构。抗震设防烈度:7 度。

5. 民丰站

民丰站位于和田地区最东端民丰县,东与且末相邻。民丰县西汉为精绝、戎卢国地,属西域都护府;是古丝绸之路南线重镇。

民丰站是新建的办理客运作业的中间站,为新建线侧下式站房。图 5-6 为民丰站站前广场侧。按高峰小时乘客 300 人设计,房屋整合后,站房总建筑面积 7 987.98 m^2,为中小型站房,主要包括站房、站台有柱雨棚。站场规模:车站设客车到发线 4 条(含正线),预留 2 条,设 550 m×8 m×1.25 m 基本站台 1 座,550 m×10.5 m×1.25 m 中间站台 1 座,站台上 200 m 长等宽有柱雨棚。车站设旅客地道 1 座。车站Ⅰ象限设综合维修车间 1 处,场区内设 1 条 450 m 综合检修列停放线、1 条轨道车库线;配套线路维修牵出线 1 条,有效长 450 m。车站对侧设贯通式货场 1 座,货场设货物装卸线 1 条,预留尽端式装卸线 1 条,设 300 m×34 m×1.1 m 尽端式货物站台 1 座,300 m 堆场 1 座,预留货场扩建条件。货物装卸线在两端咽喉各设安全线 1 条,有效长 50 m。

图 5-6 民丰站站房

站房中间候车大厅一层,两侧配套房屋三层。层高分别为:一层候车大厅层高 14.7 m;两侧辅助设备及办公生活用房一层 5.4 m,二层 4.2 m,三层 3.9 m。站房一层中间主要是候车厅兼做进出站通道,候车厅左侧设置预留商业、贵宾室、变电所、综合机房及办公区域,右侧设置食堂及宿舍等生活区域,一层面宽 145.8 m,进深 25.2 m。建筑高度(室外地面至女儿墙顶)16.65 m,造型最高处高 19.95 m。建筑耐火等级二级。屋面防水等级:站房钢筋混凝土屋面为Ⅰ级、站台雨棚钢结构屋面为Ⅱ级。结构选型:站台与雨棚为钢筋混凝土框架结构。抗震设防烈度:7 度。

6. 南屯站

南屯站位于且末县境内,新疆生产建设兵团第二师三十八团所地在。南屯站所在地以"漠南堡垒,山水绿洲,产业重镇,人文嘉园"为模式建设的新型城市,生态环境优美,光热、水土资源丰富,拥有 30 万亩有机农业生产基地及先进的装备制造业,是兵团从屯垦戍边向城市建设转变的典范团场。

南屯站是新建的办理客运作业的中间站,是兵团城市客运站,新建线侧下式站房。图 5-7 为南屯站站前广场侧。按高峰小时乘客 300 人设计,房屋整合后,站房总建筑面积 5 965.27 m^2,为中小型站房,主要包括站房、站台有柱雨棚。站场规模:车站设客车到发线 3 条(含正线),预留 1 条,车站设 550 m×8 m×1.25 m 基本站台 1 座,站台上 100 m 长等宽有柱雨棚。车站Ⅰ象限设综合维修车间 1 处，场区内设 1 条 450 m 综合检修列停放线、1 条轨道车库线；增设线路维修牵出线 1 条，有效长 450 m。车站对侧设贯通式货场 1 座，货物装卸线 1 条，设 200 m×34 m×1 m 货物站台 1 座、200 m 堆场 1 座。货物装卸线在两端咽喉各设安全线 1 条，有效长 50 m。

图 5-7　南屯站站房

站房主体一层，一层候车大厅左侧二层，右侧三层。层高分别为：一层候车大厅层高(平均)17.7 m；左侧辅助设备及办公用房一层层高 6.3 m，二层层高 7.2 m；右侧生活房屋一层 5.4 m，二层 4.2 m，三层 3.9 m。站房一层中间主要是候车厅兼做进出站通道，候车厅左侧设置预留商业、贵宾室、变电所、综合机房及办公区域，右侧设置食堂及宿舍等生活区域，一层面宽 129.0 m，进深 25.2 m。建筑高度 22.35 m。建筑耐火等级二级。屋面防水等级：站房钢筋混凝土屋面为Ⅰ级、站台雨棚钢结构屋面为Ⅱ级；结构选型：站台与雨棚为钢筋混凝土框架结构。抗震设防烈度：7 度。

7. 金山站

金山站位于且末县境内，新疆生产建设兵团第二师三十七团所在地。金山站所在地是小宛古国属地，水土资源丰富，光热资源优越，古丝绸之路南线的重镇，南疆维稳的重要支点，特色农业、现代服务业为主导的宜居乐业小城镇，旅游服务、物流商贸配套的综合服务基地，创建兵地融合、区域协调发展的创新团场。

金山站是新建的办理客运作业的中间站，是兵团城市客运站，新建线侧下式站房。图 5-8 为金山站站前广场侧。按高峰小时乘客 300 人设计，房屋整合后，站房总建筑面积 5 148.41 m^2，为中小型站房，主要包括站房、站台有柱雨棚。站场规模：车站设到发线 3 条(含正线)，预留 1 条，有效长为 850 m。设

550 m×6 m×1.25 m 旅客站台 1 座。车站对侧预留贯通式货场 1 座，预留货物装卸线 1 条。本站预留专用线接轨条件。

图 5-8　金山站站房

站房主体一层，局部二层。层高分别为：一层候车大厅层高 14.8 m；两侧辅助设备及办公生活用房一层层高 5.4 m，二层层高 4.2 m。站房一层中间主要是候车厅兼做进出站通道，候车厅左侧设置预留商业、贵宾室、变电所、综合机房及办公区域，右侧设置食堂及宿舍等生活区域，一层面宽 129.0 m，进深 25.2 m。建筑高度檐口最高点 16.15 m。建筑耐火等级二级。屋面防水等级：站房钢筋混凝土屋面为Ⅰ级、站台雨棚钢结构屋面为Ⅱ级。结构选型：站台与雨棚为钢筋混凝土框架结构。抗震设防烈度：7 度。

8. 且末站

且末站位于新疆维吾尔自治区巴音郭楞蒙古自治州西南部且末县。且末县是古丝绸之路南线重镇，地处塔克拉玛干沙漠腹地，绿洲四面环沙，风沙危害极为严重；“众志成城战沙海，誓将荒漠变绿洲”，且末人经过十余年在车尔臣河东岸的沙漠上建起了一条长 12 km、宽 6 km 的绿色长城。

且末站是新建的办理客运作业的中间站，为新建线侧平式站房。图 5-9 为且末站站前广场侧。按高峰小时乘客 300 人设计，房屋整合后，站房总建筑面积 7 987.98 m^2，为中小型站房，主要包括站房、站台有柱雨棚。站场规模：车站设到发线 5 条(含正线)，预留 1 条，有效长为 850 m。设 550 m×8 m×1.25 m 基本站台 1 座，550 m×10.5 m×1.25 m 中间站台 1 座，站台上 550 m 长等宽有柱雨棚。车站设旅客地道 1 座。车站Ⅱ象限设综合维修车间 1 处，场区内设 1 条 450 m 综合检修列停放线、1 条轨道车库线；配套线路维修牵出线 1 条，有效长 450 m。车站对侧设贯通式货场 1 座，设货物装卸线 1 条，预留尽头式装卸线 1 条；货场设 300 m×34 m×1.1 m 尽端式货物站台 1 座，300 m 堆场 1 座，预留货场扩建条件。Ⅳ象限增设机待线 1 条，有效长 135 m。

图 5-9　且末站站房

站房中间候车大厅一层，两侧配套房屋三层。层高分别为：一层候车大厅层高 14.7 m；两侧辅助设备及办公生活用房一层 5.4 m，二层 4.2 m，三层 3.9 m。站房一层中间主要是候车厅兼做进出站通道，候车厅左侧设置预留商业、贵宾室、变电所、综合机房及办公区域，右侧设置食堂及宿舍等生活区域，一层面宽 145.8 m，进深 25.2 m。建筑高度（室外地面至女儿墙顶）19.05 m，造型最高处 25.55 m。建筑耐火等级二级。屋面防水等级：站房钢筋混凝土屋面为Ⅰ级、站台雨棚钢结构屋面为Ⅱ级。结构选型：站台与雨棚为钢筋混凝土框架结构。抗震设防烈度：7 度。

9. 瓦石峡站

瓦石峡站位于若羌县西部瓦石峡镇。石峡镇西与且末县接壤，南依阿尔金山北坡，北与尉犁县交界，是若羌县西出且末的重要门户和交通枢纽，也是全县最大的农业乡镇。

瓦石峡站是新建的办理客运作业的中间站，为新建线侧下式站房。图 5-10 为瓦石峡站站前广场侧。按高峰小时乘客 200 人设计，房屋整合后，站房总建筑面积 5 687.00 m^2，为中小型站房，主要包括站房、站台有柱雨棚。站场规模：车站设到发线 3 条（含正线），预留 1 条，有效长为 850 m。设 550 m×6 m×1.25 m 基本站台 1 座。车站Ⅰ象限设综合维修车间 1 处，场区内设 450 m 综合检修列停放线 1 条，库内停车线 1 条。牵出线 1 条，有效长 450 m。

站房中间主体一层，一层候车大厅左侧三层，右侧二层。层高分别为：

图 5-10 瓦石峡站站房

一层候车大厅层高 15.3 m;左侧生活房屋一层 5.4 m,二层 4.2 m,三层 3.9 m;右侧辅助设备及办公用房一层层高 6.3 m,二层层高 7.2 m。站房一层中间主要是候车厅兼做进出站通道,候车厅左侧设置食堂及宿舍等生活区域,右侧设置预留商业、贵宾室、变电所、综合机房及办公区域,一层面宽 112.2 m,进深 25.2 m。建筑女儿墙顶高度 19.05 m。建筑耐火等级二级。屋面防水等级:站房钢筋混凝土屋面为Ⅰ级、站台雨棚钢结构屋面为Ⅱ级。结构选型:站台与雨棚为钢筋混凝土框架结构。抗震设防烈度:7 度。

二、制定原则

落实 2019 年 7 月 11 日国铁集团领导检查和若铁路(格库铁路)重点工作推进部署时提出“乌鲁木齐局集团公司研究和若铁路 9 个中间站的客运站房,要结合当地文化或中国铁路发展宣传主题,实现一站一景”的相关要求,设计挖掘各站当地历史、地域文化、中国铁路发展宣传主题,结合车站房屋整合,自 2019 年 7 月至 2020 年 5 月,经多轮设计,逐步重新确定“一站一景”站房主题及建筑造型。

根据 2020 年 12 月 15 日“精品站房经验交流会”精神,及 2021 年3 月 21 日领导调研指导精神,建设单位组织设计单位与施工单位,通过 BIM 正向设计,对客运站房从设计理念、元素取材、设计效果等方面做了进一步梳理及深化,室外地下通道、站台挡墙、护栏等建构筑物工艺设计已汲取站房设计元素,以确保站区一体化要求。并落实工艺工法,对装修施工重难点逐一梳理,确保客运站房精品工程的落地实施。

1. 理念为先原则

坚持最高标准的理念，最高标准瞄准、最高标准执行、最高标准实现。坚持以人为本的理念，以旅客为中心，把提升旅客出行体验作为重点，最大限度满足旅客需求。坚持合作共建的理念，路地合资合作、共商共议、共建共享，充分实现站城融合。坚持协调发展的理念，发挥铁路站房作为城市景观、门户窗口的作用，适应可全面协调、可持续发展的要求。坚持系统优化的理念，以客站为中心，注重站区枢纽整体功能的实现，注重站房与附属、配套的统一，实现“系统集成、整体最优”。

2. 目标管理原则

统一思想，坚定创精品的信心与决心，全面实现国铁集团“五位一体”的建设目标，打造“精品站房、美好站区”新示范工程、新标杆工程，实现在全路的示范性引领。

3. 创新管理原则

坚持科技引领、智慧管理、智能建造的创新原则，创新规划设计、创新管理方法、创新生产组织、创新工艺做法，实现精品工程建造活动绿色化、建造方式工业化、建造手段信息化、建造管理集约化、建造过程社会化。

4. 标准先行原则

坚持策划创优、管理创优、过程创优的精品工程创建原则，通过科学制定精品站房建设工作流程，建立设计标准、材料标准、工艺标准、验收标准，强化“流程管事、标准做事”的刚性约束，发挥“标准先行、样板引路”的作用，科学指导精品工程创建工作，确保一次成优、件件成优。

5. 持续优化原则

坚持“工程未完、优化不止”的思路，着眼于装饰整体效果的呈现和细部细节的凸显，从设计方案和施工方案两方面、宏观与微观两个维度同步深化完善、优化升华，实现设计方案和现场实施的有机结合，完美统一。

6. 建筑美学原则

坚持“重主体、轻装饰、简装修”的原则，还原建筑本身美感，平衡好美学升级与守正创新、文化艺术与经济成本、质量细节与工期进度的关系，借助专家智慧，实现一定的审美创造，体现地域文化，打造新时代艺术人文站房。

7. 技术为先原则

坚持“技术为先”原则，为确保站房工程施工推进速度及建成后效果，和若铁路全线站房采用建筑信息模型技术(BIM),实现项目全生命周期的BIM应用。在传统模型展示的基础上更进一步,实现数字化铁路的站房部分移交。BIM实施划分为前期准备、深化设计、施工现场、数字化移交四个阶段,根据各阶段的需求针对性开展BIM技术应用,确保BIM技术落到实处。BIM设计示意如图5-11所示。

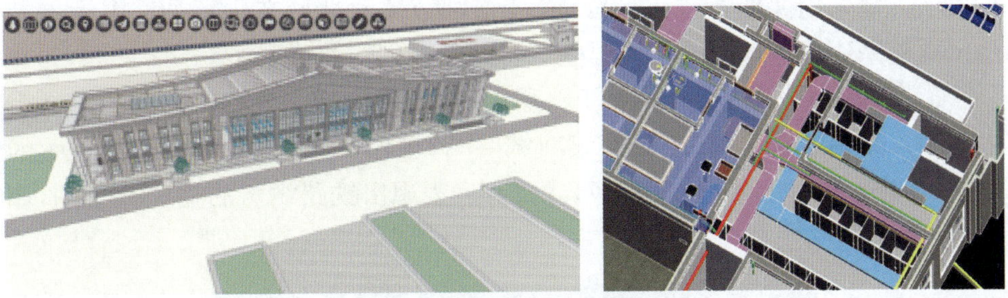

图 5-11　BIM 设计示意图

三、融汇文明

和若铁路作为古丝绸之路南线,有着悠久的、独特的丝路文化。

独特的古丝路文化、民族风情是该地区显著的文化特色,无论是生态景观,还是人文景观,都呈现出显著的独特性和多样性,如何提取地域文化因素并将其运用到站房设计之中,是"一站一景"建设的关键难点。

和若铁路各站站房设计新颖、造型复杂,将发掘提炼出的当地文化特色元素融合体现在整体建筑造型上,以现代浪漫风格的设计手法,结合传统材料展现出当地独特的地理与人文风情。复杂的曲面构造塑造出建筑优美形态,更加深入地融入和展现地方独有的人文风情,也对建筑材料、结构施工等提出更高要求,站房施工难度增加。主要有:

一是洛浦站檐口及墙面曲线造型取自地方"艾德莱斯"并加以抽象简化,曲面檐口与竖向彩色构建,展现出色泽华丽、体态轻盈的建筑形体。

二是民丰站采用不同色泽的金属材料,再现"五星出东方利中国""汉代织锦护臂",结合入口两侧层次分明的建筑造型,展示昆仑山下,出现五星连珠,"汉之兴,五星聚东井"的吉祥盛世,使设计理念得以充分表达。

三是且末站候车二大厅玉石灯造型,跨度接近40 m,弧形曲面的加工及安装精度要求高,给站房施工带来巨大的挑战。

四是于田、玉泉镇等各站建筑装饰板的加工及安装还必须考虑钢结构变形对其的影响。

四、建筑效果

根据多次优化，设计挖掘各站当地历史、地域文化，中国铁路发展宣传主题，结合车站房屋整合及当地公共建筑装修标准，站房外墙采用铝板饰面，候车大厅内墙采用大理石或铝板饰面，装饰细节体现地域文化特征。客运站站台风雨棚采用仿清水混凝土风雨棚。各站站房创意及造型如下：

1. 洛浦站（丝绸故乡）位于新疆和田地区，是和若线自和田方向的第一个中间站。站房建筑造型以“艾德莱斯绸”作为创作灵感，门窗处穿插了悬垂的丝绸，体现丝绸体态轻盈，色彩多姿的特点，表现出铁路站房的端庄及华丽，如图 5-12 所示。

(a) 效果图

(b) 站房

(c) 候车大厅

图 5-12　洛浦站站房

2. 策勒站(丝路古城)。建筑造型以“丝绸之路上的古国”为创作灵感,通过建筑四周塔亭造型表现丝绸之路上汉唐文化悠久的历史文化底蕴,如图 5-13 所示。

(a) 效果图

(b) 站房

(c) 候车室

图 5-13　策勒站站房

3. 玉泉镇站(百年大业)。建筑造型借鉴鲜艳的革命旗帜,象征着和若铁路线传承了红色文脉,在建党百年之际的特殊意义,如图 5-14 所示。

(a) 效果图

(b) 站房

(c) 候车室

图 5-14　玉泉镇站站房

4. 于田站(丝路古国)。建筑造型以“丝路古国”为主题,表现出从汉唐以来,古于阗国作为丝绸之路南线重镇突出地位,同时点缀汉式典型的图案云气纹,烘托唐代建筑的特色,如图 5-15 所示。

(a) 效果图

(b) 站房

(c) 候车室

图 5-15 于田站站房

5. 民丰站(东方五星)位于新疆和田地区昆仑山北麓,塔克拉玛干沙漠南缘民丰县。民丰县素有民丰足,天下安的美誉,盛产红枣、核桃、安迪河甜瓜、雪菊、黑鸡等。1995 年,在民丰县尼雅遗址发现“五星出东方利中国”汉代织锦护臂,被誉为 20 世纪中国考古学最伟大的发现之一。建筑造型以“五星出东方利中国”为主题,如图 5-16 所示。

(a) 效果图

(b) 站房

(c) 站房

(d) 候车室

图 5-16　民丰站站房

6. 南屯站(屯南戍边)位于且末县境内。方案以“屯南戍边”为主题,提取兵团历史中的地窝子及兵团建筑中的文化元素,体现兵团向南发展,当好昆仑之眼重镇的美好远景,如图 5-17 所示。

(a) 效果图

(b) 站房

(c) 候车室

图 5-17　南屯站站房

7. 金山站(戍守边关)位于且末县境内。建筑造型以“戍守边关”为主题,表现兵团人民忠实履行着国家赋予的屯垦戍边的光荣使命。广大兵团军垦职工栉风沐雨，扎根边疆，同当地各族人民一道，把亘古戈壁荒漠改造成生态绿洲，开创了新疆现代化事业，建起了一座座新型城镇，充分发挥了生产队、工作队、战斗队的作用。为推动新疆发展、增进民族团结、维护社会稳定、巩固国家边防作出了不可磨灭的历史贡献，如图 5-18 所示。

(a) 效果图

(b) 站房

(c) 候车室

图 5-18　金山站站房

8. 且末站(绿洲卫士)。

且末站建筑造型提取了河东防沙治沙生态工程纪念建筑的元素，结合城墙的建筑元素，展现了且末人民誓与风沙作斗争不屈不挠的精神，且末是为祖国守卫绿洲的坚实长城，如图 5-19 所示。内装采用玉石文化。

(a) 效果图

(b) 站房

(c) 候车室

图 5-19　且末站站房

9. 瓦石峡站（铁路传承）。以百年京张铁路的历史文化传承为设计立意，提取京张铁路青龙桥火车站的历史元素，表达和若铁路的修建是中国百年铁路文化延续的情怀，如图 5-20 所示。

(a) 效果图

(b) 站房

(c) 候车室

图 5-20　瓦石峡站站房

第二节　美好站区

深入贯彻国铁集团党组推进铁路创新发展，关心职工生产生活等一系列决策部署，充分发扬“创新实干、敬意卓越”的精神，积极探索完善普速铁路运营维护管理新模式，深入推进基础设施维修生产生活一体化，不断丰富一体化实施内涵，健全一体化运作机制、提高一体化管理水平，为实现乌鲁木齐局集团公司建设现代运输企业目标和推动中国铁路事业持续健康发展做出积极贡献。

为适应普速铁路发展的需求,规范普速铁路综合维修工区(车间)生产生活设施一体化建设管理,不断完善职工生产生活设施,持续改善职工生产生活条件,确保工程建设质量和运营持续高效,结合路局实际,进行科学布局。站区选择方便铁路养护维修作业、地形规整、出行道路交通条件良好的位置,并在站房综合楼同侧设置。站区设置符合养护维修作业生产生活实际,体现精干高效。

一、需求分析

在和若铁路的建设过程中,结合项目所处的地理位置和自然环境以及其他路局生产生活设施布置原则、设置标准,通过对全线以及周边地区的调研、分析和研究,将全线基础设施维修机构予以优化调整,将生产人员活动集中在生活环境相对较好的城镇地区,运用较为成熟的先进技术成果,以人为本,有效地改善铁路沿线职工的生产、生活条件。

2019 年 3 月至 4 月,乌鲁木齐局集团公司领导带领各业务部及设计院对和若铁路全线调研。同年 4 月至 10 月 6 个月内,多次组会对全线机构设置、人员配备讨论研究,至 2019 年 10 月中旬,稳定方案。统筹优化和若线、喀和线生产力布局,结合沿线车站设置及运营管理方式,采用车站集中设置维修车间(工区)的养护维修方式。

二、总图规划

1. 原设计方案介绍

全线在策勒、于田、民丰、南屯、金山、且末、瓦石峡设置线路车间,于田、且末设置电力车间、信号车间、房建维修车间,民丰、且末设置通信车间,并在洛浦、玉泉镇设置巡养工队。

中间站按功能需求设置客运、生产、生活设施,将生活及配套用房位于旅客站房同侧设置,旅客站房独立设置,与其相邻依次设置派出所、站区综合楼(站区食宿办公、信号综合用房)、车库及综合设备用房、变配电所、军供站等,污水处理站远离旅客站房位于车站铁路用地端头。轨道车库(含其配套用房)以及货场位于线路站对侧设置。货场线路采用尽头式设置。典型中间站区设施整合前布置如图 5-21 所示。

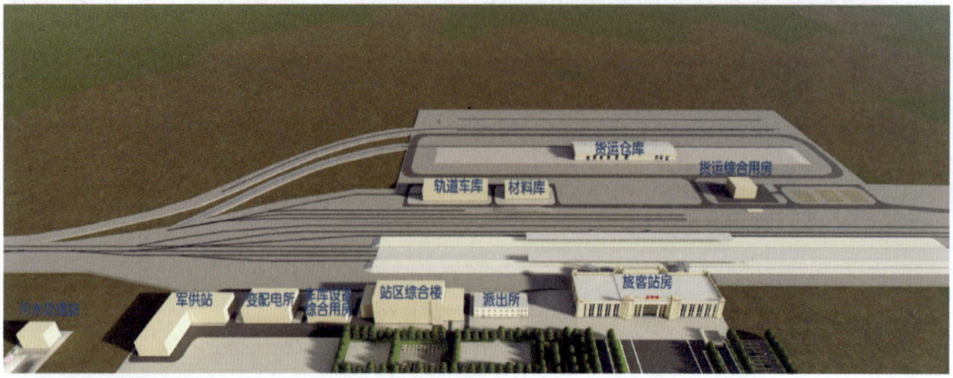

图 5-21　中间站区设施整合前布置示意图

2. 生产力布局调整

按照“区段集中、专业结合、综合保障、布局合理”的原则，适应“工、电、供”等专业集中化、机械化维修模式。综合维修车间及工区的设置应与工务、房建、电务、供电专业的维修管辖范围保持一致。集中设置于自然环境适宜、交通便利、基础配套资源较好的城镇站区。

全线在若羌、且末、民丰、和田 4 个站设线路巡养车间，并在瓦石峡、南屯、于田设巡养工队；其中若羌、且末、民丰、于田设探检组，且末、瓦石峡、民丰、南屯、于田设维修工队。

瓦石峡、且末、民丰、南屯、和田 5 个站分别设 1 条有效长为 450 m 综合检修列停留线，于田站设 2 条有效长为 300 m 综合检修列停留线。于田、南屯、民丰、且末、瓦石峡 5 个站分别设 1 条有效长 120 m 轨道车库线。

和若铁路维修机构设置示意图如图 5-22 所示。

3. 全线生产生活设施的设置

按照“集中建设、统一管理”，提高资源利用率，通过因地制宜、统筹布局、科学规划、合建共享、集约用地的原则集中设置，实现“功能一体化、设施现代化、管理规范化”的目标。

中间站按集中管理模式设置。设站区综合楼，整合客运、行车、办公、生活等功能。有综合维修功能的车站，将综合维修的办公生活功能与站房合并。站区综合维修房屋、动力用房、货场、机务折返所等单独设置。

结合场地规模、站区特色及地域文化集中设置场地景观、建筑小品，统一设置室内外文化设施，站场道路两侧设置绿化带。房屋周边有绿化设计，绿化设计应遵循“乔灌结合、错落有致，因地制宜、体现特色”的原则。

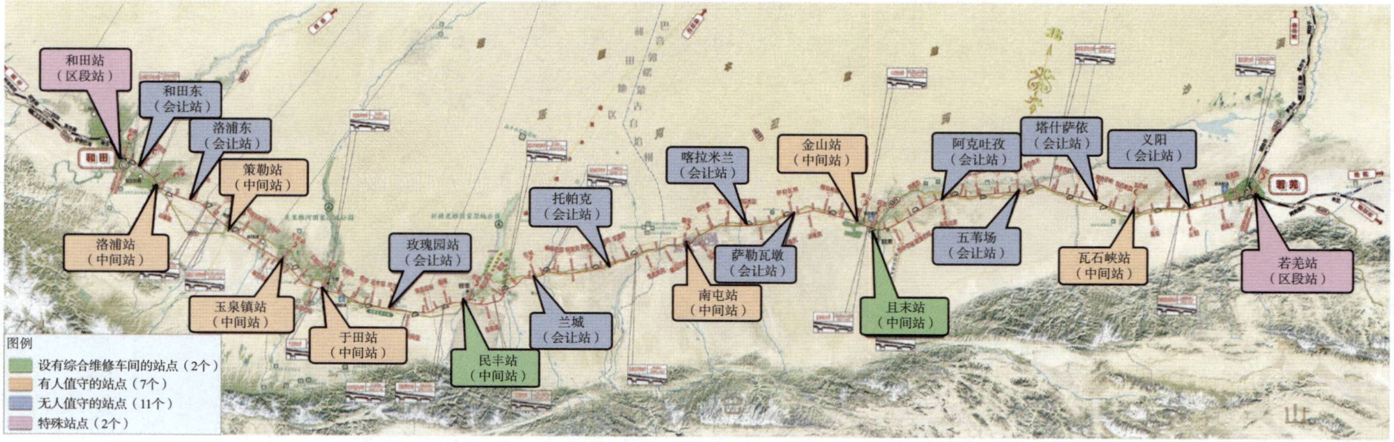

说明：
1.综合维修车间：设检修列停留线、工区办公楼、宿舍楼、食堂、轨道车库等。
2.有人值守站：设综合楼（含办公、间休、食堂）等。
3.无人值守站：一般仅设信号楼（无水站）。
4.和田、若羌为既有站，未新增维修机构。
5.瓦石峡、且末、金山、南屯、民丰、于田、玉泉镇、策勒、洛浦站为客运站。
6.金山、民丰、于田、洛浦站为铁路货运办理站。

图5-22　维修机构设置示意图

通过房屋整合，站区铁路房屋从十几个单体合并为四五个单体，预留大量的铁路用地，整体环境达到了良好的效果。

综合检修及值守点设置。根据生产力布局优化，全线设置和田、民丰、且末、若羌站四个综合检修车间，于田、南屯、瓦石峡站设置有人值守点；取消且末机务折返段，补强喀什客整所。在此基础上各站内整合房屋。各站房屋优化整合的作法是：

(1)各站食宿生活房屋、办公房屋及信号运转房屋与站房合建为站房综合楼。其中：消防控制室与运转室、综合监控室等房屋合设；通信机房、信息机房、信号机械室合设为综合机房。

(2)动力设备用房如变配电用房、换热站、给水泵房、污水处理站、生产车库、轨道车库、材料库等，合建为动力设备综合房屋。

(3)货运房屋位于站房线路对侧货场用地内，洛浦、且末、于田、民丰、南屯站将污水处理站及消防水池及泵房与货运综合用房合建，设货运综合楼房屋，满足货运办公间休、货场消防及车站污水处理。各货场统一设置货运仓库。

原施工图客运站站区布置中，洛浦、策勒、于田、民丰、南屯、小宛、且末站设置货场，货场均位于站对侧，设有货运综合用房及货运仓库(货运风雨棚)。

策勒、于田、南屯、小宛、且末站设置维修车间，其中于田站维修车间位于同侧，其他站维修车间位于站对侧，设有综合维修材料棚库及轨道车库。

整合后，各站主要其他单体有客运站房、站区综合楼(办公、间休、食宿功能)、车库综合设备用房(变配电所、污水处理站等)、公安派出所、供转站(仅民丰、且末站)。

在优化设计生产力布局调整中，取消小宛站货场，优化维修车间设置，将货场货运线由尽端式改为贯通式，将维修车间改在站同侧。优化房屋整合，根据房屋性质及功能，各站办公生活用房、信号用房与客运站房合建；各设备房屋、材料库、车库等生产设备用房合建。整合后房屋分为站房综合楼、生产设备综合房屋、货场房屋及公安派出所(军供站)四个主要部分。中间站站区设施整合后平面布置如图 5-23 所示。

在基础上，对沿线 10 个会让站(无人值守)进行功能优化，设置为一栋综合房屋，设置应急值守功能，含运转、信号、信息、通信及动力用房，集约设置应急值守功能房屋，综合机房预留接建条件。会让站(无人值守)整合后房屋平面布置示意如图 5-24 所示。

会让站(无人值守)各专业用房合并后集中设置，采用电采暖形式，设置视

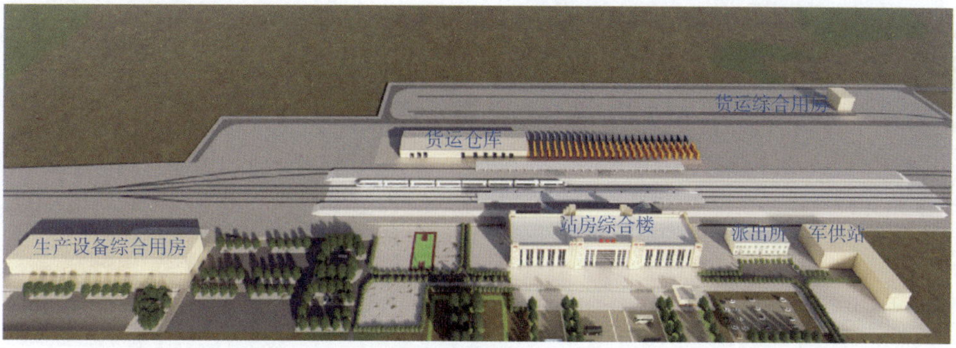

图 5-23 中间站站区设施整合后平面布置示意

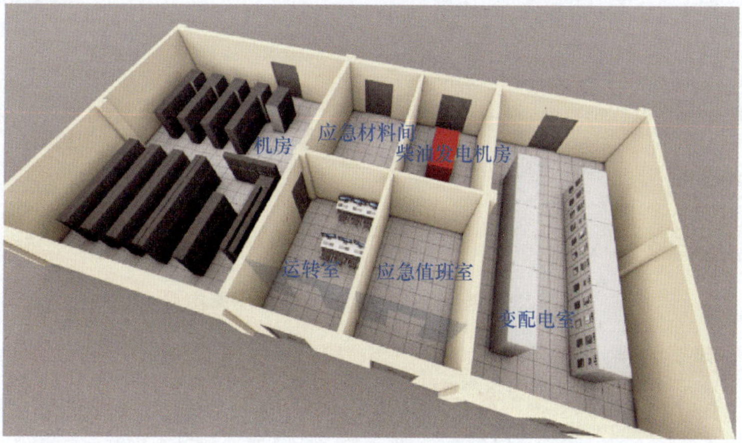

图 5-24 会让站(无人值守)整合后房屋室内平面布置示意

频监控及远程控制系统。采用钢筋混凝土立柱金属网片防护栅栏围墙,围墙高度 1.8 m,围墙上方设置 0.5 m 高刺丝滚笼。院落内房屋与各设备间设置检修道路连接,进行地面硬化,其他部位碎石子铺面。车行、人行的道路地面及站台面设置检查井时井盖高度根据地面排水坡度进行设计及施工,井盖不得凸出地面。室外检查井井口设置防坠网。照明满足夜间作业需求,重点部位应加强设置。在房屋上部设置站名标识。会让站(无人值守)综合房屋实景,如图 5-25 所示。

4. 中间站生产生活设施布置

(1)站房综合楼

中间站各站生活房屋、办公房屋及信号运转房屋与站房合建为站房综合楼,室内平面布置示意如图 5-26 所示。

图 5-25　会让站(无人值守)综合房屋实景

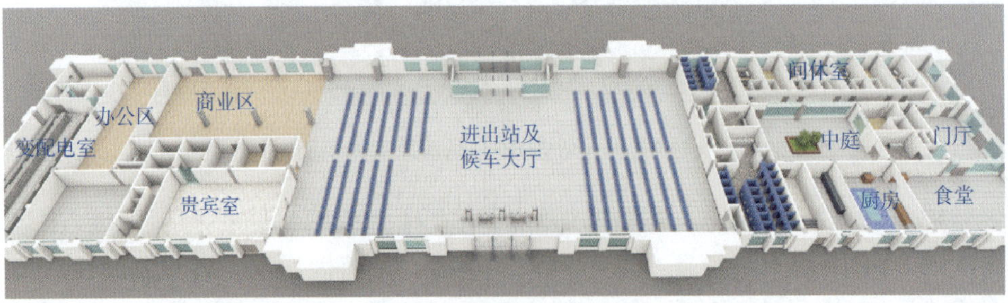

图 5-26　中间站站房综合楼室内平面布置示意

其中,消防控制室与运转室、综合监控室等房屋合设,通信机房、信息机房、信号机械室合设为综合机房,并满足增设二线条件设置,站房区域原则上按不超过 4 栋房屋布置。

(2)站区综合楼

将办公房屋、生活房屋等根据功能、规模,合建设置。办公房屋根据进驻专业数量确定办公、值班、资料、学习会议、视频会议等。生活房屋将单身宿舍、食堂、晾衣、停车合并设置,实景如图 5-27 所示。

图 5-27　站区综合楼实景

(3)综合维修房屋

综合维修工区临近轨道车停留线或站区内建设,与站房同侧临近设置。在满足工艺要求前提下,综合维修车间及工区内工务、电务、供电、房建等专业生产设备房屋合并。综合维修车间内工务及供电轨道车库合并,材料棚(库)、油料间、堆料场等与检修设施统一布置。综合维修房屋室内平面布置如图 5-28 所示,综合维修工区实景如图 5-29 所示。

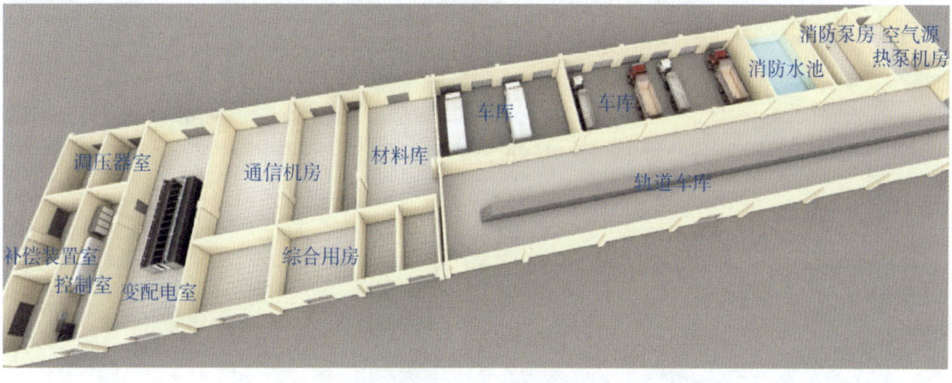

图 5-28　综合维修房屋室内平面布置示意图

(4)动力设备综合用房

动力中心与站区院落合并设置,在车站同侧,设置栅栏隔离。

电力、给排水、暖通、汽车库等设备用房集中设动力中心,与综合检修房屋合并布置,提高自控功能及数据共享,按无人值守设计,设置应急值守室。

有消毒作业的给水所、污水处理站及真空中心与设备房屋合并,站区供水蓄水储水装置具备可清洗条件,供水设备设置给水消毒过滤装置,生活用水的

图 5-29　综合维修工区实景

贮水设施采用不锈钢水箱。动力设备综合房屋室内平面布置如图 5-30 所示，动力设备综合房屋实景如图 5-31 所示。

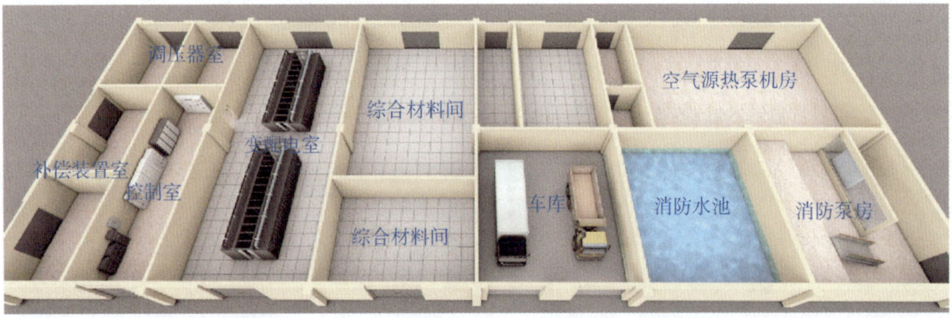

图 5-30　动力设备综合房屋室内平面布置示意图

图 5-31　动力设备综合用房实景

(5)货运房屋

位于站房线路对侧货场用地内，洛浦、且末、于田、民丰、南屯站将污水处理站及消防水池及泵房与货运综合用房合建，设货运综合楼，满足货运办公间休、货场消防及车站污水处理。各货场统一设置货运仓库。货运综合房屋室内平面布置如图 5-32 所示，货运综合房屋实景如图 5-33 所示。

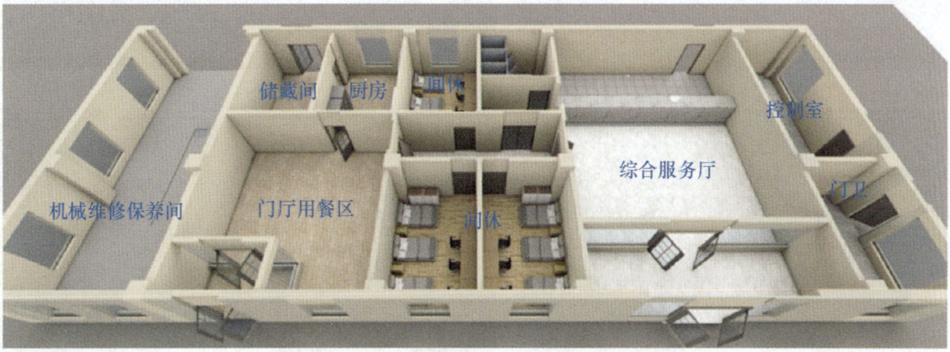

图 5-32　货运综合房屋室内平面布置示意图

图 5-33　货运综合房屋实景

(6)风雨棚、地道建设

优化各站客运风雨棚设置：且末、于田站客运风雨棚一、二站台按 550 m 满站台覆盖，民丰、策勒站二站台地道出入口设置风雨棚，如图 5-34 所示。

图 5-34 客运风雨棚实景

第三节 细部设计

和若铁路牢固树立人文新形象，通过对单身宿舍、综合楼、职工食堂等建筑物的空间环境优化设计、人性化设计，营造绿色、生态、温馨新空间，彰显铁路温暖情怀。通过对站台雨棚、站台墙等景观墙饰结构构件细部优化，实现功能艺术统一，通过视觉符号的提炼与应用及地域文化与建筑装饰有机结合，打造地域建筑名片。

一、单身宿舍

根据综合维修车间、工区的定员人数，按照定员人数的 100%配置床位数。设置标准间、公共活动用房、辅助用房及家属探亲用房，建筑面积指标采用 17～19 m^2/人。原则上按 2 人/间设计，预留三人入住条件。居室内应设卫生间，卫生间满足干湿分离的布局条件，并根据地域和气候条件设置空调、供暖设施，采用电散热器供暖的宿舍盥洗间可安装“四合一”浴霸设备，满足温度要求。宿舍采用铝合金双层保温窗，利于当地高温及风沙防护，降低线路噪声影响。单身宿舍室内平面布置效果图、实景图如图 5-35 所示。

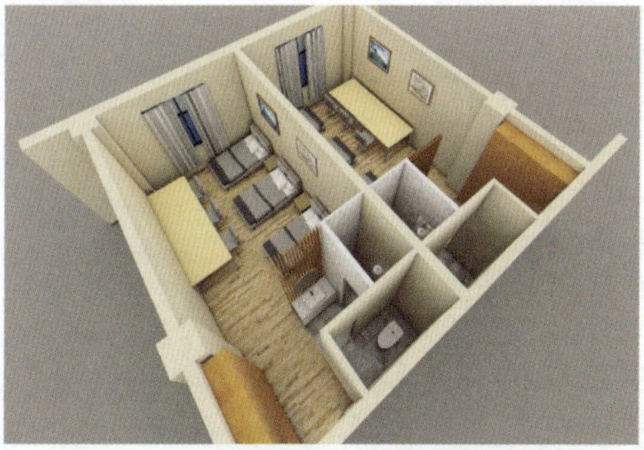

(a) 宿舍干湿分离式室内平面布置效果图

(b) 单身宿舍实景1

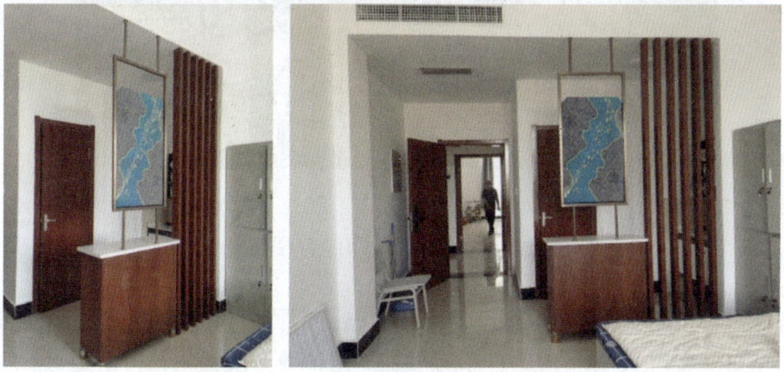

(c) 单身宿舍实景2

图 5-35　单身宿舍

二、综合楼中庭设计

结合和若铁路沿线的自然气候特征，站房综合楼及站区综合楼在有条件的情况下，考虑呈“回”字形布局。

1. 站房综合楼

以民丰站为例，布置如图 5-36 所示。

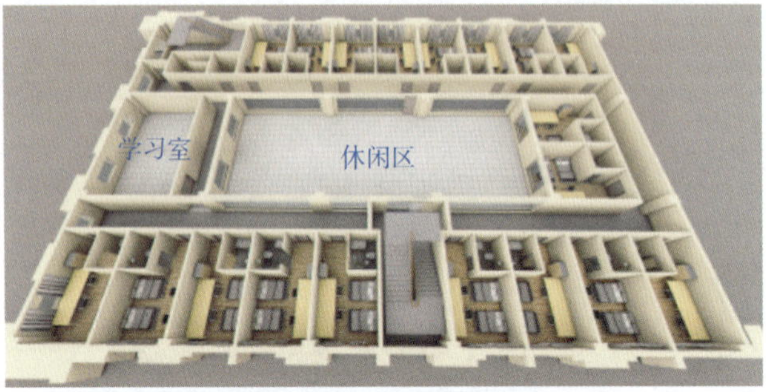

(a) 整体效果图

(b) 休闲区实景1

(c) 休闲区实景2

图 5-36　民丰站站房综合楼布局

民丰站中庭尺寸长 24.4 m ×宽 8.2 m，该屋面位于顶层，周边为玻璃环廊及职工间休室，故此区域以休闲交流为主要功能，以新中式元素为主，营造自然感十足的空间环境。中间铺上仿古的石板，点缀中式桌椅，展现古典的中式宁静和现代的简约。该中庭下方为机房，植被及造景水体均为盆栽或成品水缸（箱），三层中庭地面按上人屋面设置防水层。

2. 站区综合楼

以若羌站区综合楼为例，如图 5-37 所示。主体建筑为 4 层，所围合的内庭院总建筑面积为 956.97 m²，长 37.80 m，宽 25.30 m，净高 17.00 m。南侧为主要出入口门厅公共空间，北侧为次要出入口门厅公共空间，西侧为间休室走廊，东侧为餐厅及生活附属房屋。

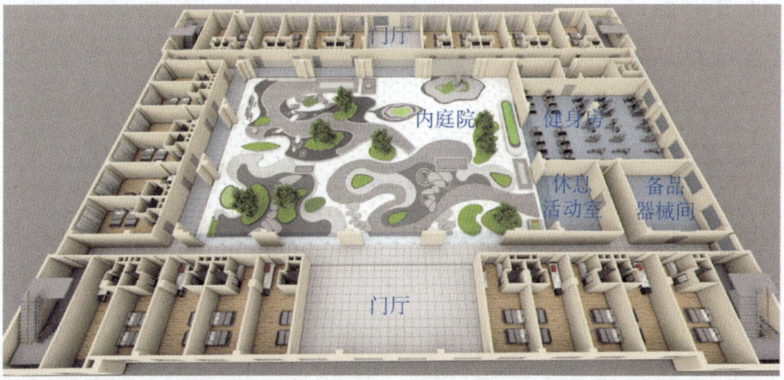

(a) 整体效果图

(b) 休闲区效果图

(c) 休闲区实景

图 5-37　若羌站站区综合楼布置示意图

设计通过弧形拱券廊亭、水景、绿植营造内庭院绿色环境。主要为简欧风格或中式风格，增加空间的整体美观度，沿中庭长方向打造景观主轴线，景观节点两端分别设置水系景观和绿植景观，正对主入口位置设计主要景观节点，通过铺装变化、绿化、景观小品及景观亭营造景观丰富度，景观节点四角设置四个景观水池，通过绿化和水系来营造中庭内的宜人微气候。建筑立面上，将长边两侧的通风管进行包饰，下方依托结构柱设计扶壁柱，对柱式及窗套进行装饰。

设计通过增加两侧的廊道，将既有空调风管隐藏处理，同时对内庭院墙体的整体改造，通过线脚及墙面多彩仿石漆喷涂，中间设置喷泉造景或亭廊设施，塑造“仙泉小镇”景观。

三、职工食堂

职工食堂的用餐区域、厨房区域、公共区域和辅助区域及辅助用房，功能分区明确，布局合理，餐厅与厨房间以可视化设置，达到明厨亮灶效果。综合楼职工食堂布局实景如图 5-38 所示。

图 5-38　综合楼职工食堂布局实景

四、景观墙饰

全线共 9 座客运车站，其中且末站旅客站房为线侧平式，其余站旅客站房均为线侧下式站房。客运站台挡墙原设计方案采用米黄色真石漆饰面，效果如图 5-39 所示。

落实“一站一景”要求，结合站房外立面造型、色彩及纹饰，对挡墙墙面进行专项设计，挡土墙及电梯装饰设计主题与站房协调统一；上下站台台阶扶手栏杆统一为铁艺栏杆与站台围栏相协调。封堵旅客上下站台楼梯间挡土墙泄水孔，确保旅客通行区域墙面整洁美观，墙面预留设置广告画或浮雕空间。优化后的装修设计方案如图 5-40 所示。

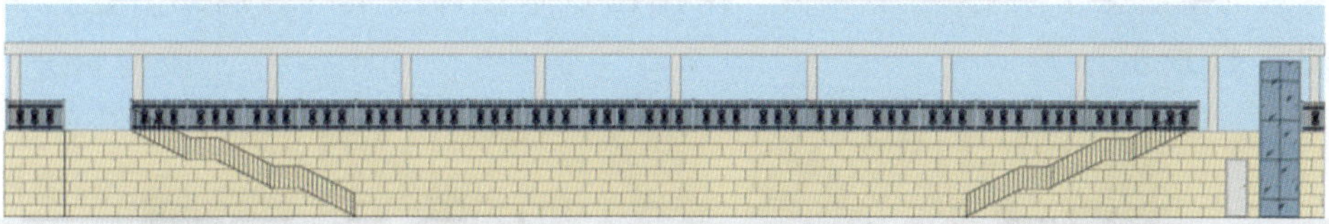

洛浦、昆田、南屯、小宛、瓦石峡站

策勒、于田、民丰站

图 5-39　客运站台挡墙原设计方案图

图 5-40　客运站台挡墙优化后的设计方案示意图

五、纹饰图案

1. 站台栏杆

结合和若铁路所处南疆地域特有的沙漠植物坚果——巴旦木花饰图案而成，巴旦木主要产地是新疆南疆区域，也是各族人民必备的日常食用坚果，栏杆与巴旦木花饰结合，体现了功能与美观的有机融合，也体现出铁路与人民群众的生活息息相关，密不可分。采用巴旦木花饰图案的客运站台栏杆如图 5-41 所示。

图 5-41　客运站台栏杆装饰示意（巴旦木花饰图案）

2. 客运站房内外装饰

(1)洛浦站

客运站房内外装饰取自当地特产艾德莱斯绸为创作元素，门窗处穿插了悬垂的“丝绸”，体现丝绸体态轻盈，色彩多姿的特点，表现出铁路站房的端庄及华丽。采用丝绸图案装饰元素的洛浦站房如图 5-42 所示。

图 5-42　洛浦站房装饰元素示意（丝绸图案）

(2)策勒站

策勒境内拥有较多汉唐时期的历史文化遗产，站房外形取自古城城池的入城门，寓意策勒以开放的姿态，迎接八方来客。内外装饰取自卍字锦：卍字原为梵文，武则天录为汉文字，意为吉祥万福聚集之地。策勒站房装饰元素及实景如图 5-43 所示。

图 5-43　策勒站房装饰元素示意

(3)玉泉镇站

玉泉镇为兵团十四师二二五团驻地，是兵团向南发展“一中心、三依托、八支点”中的重要支点。在百年建党之际，站房外形借鉴鲜艳的革命旗帜，象征着中国铁路对红色文脉的传承与发扬。内外装饰细部采用源于象征云与闪电的云雷纹，寓意滋润万物之意。玉泉镇站房装饰元素及实景如图 5-44 所示。

图 5-44　玉泉镇站房装饰元素示意

(4)于田站

于田为汉代古国于阗命名，简称于田，是中国唐代安西都护府安西四镇之一。站房以“丝路古国”为主题，运用汉唐斗拱元素，表现自汉唐以来，古于阗国作为丝绸之路南线方面的一个节点重镇，内外装饰细部点缀汉式典型的云气纹图案，烘托汉代建筑的特色。于田站房装饰元素及实景如图 5-45 所示。

图 5-45　于田站房装饰元素示意

(5)民丰站

民丰县古为精绝、戎卢国地，属西域都护府。县区有尼雅遗址、安迪尔古城遗址、牙通古孜村等，以“精绝古城 东方庞贝”而著称。站房内外装饰细部以当地文物“五星出东方利中国”臂章纹饰为主题，展示昆仑山下，出现五星连珠，“汉之兴，五星聚东井”的吉祥盛世，寓意中华文明繁荣昌盛的历史见证。民丰站房装饰元素及实景如图 5-46 所示。

(6)南屯站

南屯为兵团二师三十八团驻地。以“漠南堡垒，山水绿洲，产业重镇，人文嘉园”为模式建设的新型城市，生态环境优美，光热、水土资源丰富，有用 30 万亩有机农业生产基地及先进的装备制造业，是兵团从屯垦戍边向建城转变的典范团场。站房以“屯南戍边”为主题，提取兵团历史中的地窝子及兵团建筑中的文化元素，体现兵团向南发展，当好昆仑之眼重镇的美好远景；装饰细部以当地市花向日葵抽象变形加以点缀。南屯站房装饰元素及实景如图 5-47 所示。

(7)金山站

金山为兵团二师三十七团驻地，其古国名为小宛，是丝绸之路南线的重镇，现在是南疆维稳的重要支点，是特色农业、现代服务业为主导的宜居乐业

图 5-46　民丰站房内外装饰元素示意图

图 5-47　南屯站房装饰元素示意图

小城镇，旅游服务、物流商贸配套的综合服务基地，创建兵地融合、区域协调发展的创新团场。站房设计以“戍守边关”为主题，建筑造型采用城墙元素厚重敦实且不失细节，墙面细部取形柿蒂，意为万事如意，结合气候特征厚重出挑檐口，彰显兵团建筑本色。金山站房装饰元素及实景如图 5-48 所示。

图 5-48　金山站房装饰元素示意图

(8)且末站

且末地处塔克拉玛干沙漠腹地，绿洲四面环沙，风沙危害极为严重，“众志成城战沙海，誓将荒漠变绿洲”，且末人经过十余年在车尔臣河东岸的沙漠上建起了一条长 12 km、宽 6 km 的绿色长城。站房设计提取了河东防沙治沙生态工程纪念建筑的元素，结合城墙的建筑元素寓意且末是为祖国守卫绿洲的坚实长城。且末是著名的玉都，内饰顶棚以圆滑层次的曲线拟出圆润光滑的玉石之美；同时，柱面将历史文物中寓意长久不衰的“回”纹应用到细部装饰，以体现且末人民的奋斗精神。且末站房装饰元素及实景如图 5-49 所示。

图 5-49　且末站房装饰元素示意图

(9)瓦石峡站

瓦石峡镇位于若羌县西部，西与且末县接壤，南依阿尔金山北坡，北与尉犁县交界，是若羌县西出且末的重要门户，也是全县最大的农业乡。铁路的修建，为小镇脱贫致富的经济发展护航保驾。站房以传承铁路文化为设计立意，造型汲取京张铁路青龙桥火车站的文化元素，体现中国百年铁路文化之延续。瓦石峡站房装饰元素及实景如图 5-50 所示。

图 5-50　瓦石峡站房装饰元素示意图

六、建筑连廊

考虑沿线气候条件，春季风沙肆虐的天气环境，新建站区综合楼与既有站区综合楼采用连廊连接，综合楼间连廊如图 5-51 所示。

图 5-51　综合楼间连廊

第四节　建设成就

铁路站房作为城市对外联系的门户，不仅承担具体交通性建筑的快速换乘功能，更是反映城市经济发展、展现城市地域文化和人文属性的重要场所。

为全力提升工程品质，打造普速铁路典范之作，各参建方从细节出发，在学习借鉴已有标准的基础上编制特色化标准手册；深化细化各项专项设计，独具匠心打造出体现新疆区域文化的精品站房和美好站区

和若铁路以“创建房屋建设新标杆”为目标，建设出一批体现新疆区域文化、地域特色的精品站房，站区建设坚持“以人文本”理念，围绕创建美好站区新标杆的目标，生产生活设施一体化，一体化综合维修布局、客货运功能优化和站区生产生活配套等方面作出了一定的创新，对服务“一带一路”建设、展示新时代中国铁路形象、打造中国铁路品牌作出了有益探索。

在乌鲁木齐局集团公司的统一领导下，各参建单位认真落实“畅通融合、绿色温馨、经济艺术、智能便捷”的现代化铁路客站枢纽建设理念，按照“精心、精细、精致、精品”的客站建设要求，全面实现国铁集团“五位一体”的建设目标，打造“精品站房、美好站区”新示范工程、新标杆工程，实现在全路的示范性引领。

第六章　精品工程建设新实践

第一节　超前谋划达成创建精品工程共识

和若铁路工程质量是百年大计，关系到人民群众生命财产安全和运输安全，关系到铁路高质量发展，树立精品工程意识，建设精品和若。

一、制定创优规划

自项目开工伊始，建设单位就策划创建精品工程的目标。2019 年 5 月 2 日，在各施工单位进场第一次会议上，确定了和若铁路在路基附属工程、轨道工程、房建工程、三电工程等专业工程创优的目标，要求各施工单位所属工程局集团公司层面要依据国铁集团历次创优质（精品）工程现场会精神，直接组织编制本标段创优规划。2019 年 6 月 25 日，建设单位对各标段创优规划组织研讨审核，对和若铁路创优工作进行了总体部署，要求标段首件工程施工就开始实施创优工作，通过对工艺标准和质量控制措施的落实，确保工程实体质量创优。

二、落实创优规划

2019 年 7 月全线正式开工以来，要求各施工单位把创优规划作为检查标准，各参建单位集团公司的月度督导、红线检查要对创优规划的落实情况进行重点检查。如 2020 年 11 月，在全线路基、桥涵主体工程全部完工后，建设单位结合各单位的创优规划、工程验收标准等制定了检查标准，对不满足要求的 1 568 个问题，全部进行整改处理。

三、完善创优方案

2021 年 3 月至 4 月，建设单位多次组织召开以精品工程创建为目标的质量创优工作研讨会，落实国铁集团领导在调研和若铁路提出的“创建普速铁路精品示范线”的要求，形成创建精品示范工程实施方案，明确了工作目标、组织机构、推进计划和实施标准，要求各施工单位成立以集团公司副总经理为组长，集团公司参与过质量创优的相关技术专家为成员的质量创优领导小组，利用各参建单位局集团公司的力量，借鉴其他铁路建设项目精品创建的经验，融入和若铁路的精品建设中。

四、明确提前介入和验收要求

2021 年 6 月初，乌鲁木齐局集团公司主要领导组织召开和若铁路精品示范线建设推进会暨新建铁路提前介入动员会，下发《创建和若铁路精品示范工程实施方案》，确定总体目标，制定推进计划，明确路基工程、桥梁工程、涵洞工程、轨道工程、电力工程、信号工程、通信工程、信息工程、房建工程的创精品具体实施标准。

五、验收及问题整改管理

和若铁路验收的各个阶段始终坚持“分阶段动态清零问题库”，也就是静态验收前提前介入、单位工程验收阶段的问题库必须清零，动态验收前静态验收阶段的问题库必须清零，安全评估前动态验收阶段的问题库必须清零，开通前安全评估阶段的问题库必须清零。“分阶段动态清零问题库”就将“零缺陷”开通的压力分解到项目验收的各个阶段，确保和若铁路开通前的问题能够真正地全部清零，顺利实现了“零缺陷”开通的目标。主要验收节点如下：

2021 年下半年至 2022 年上半年公司组织对站前和站后工程共计 745 个单位工程完成了验收工作。

2022 年 1 月 15 日至 3 月 6 日，2022 年 5 月 1 日至 26 日和若铁路分两个阶段完成了静态验收。

2022 年 3 月 10 日至 16 日，和若铁路通过了动态验收。

2022 年 6 月 2 日和若铁路通过初步验收。

2022 年 6 月 7 日和若铁路通过安全评估。

2022 年 6 月 16 日和若铁路顺利实现“零缺陷”开通。

第二节　明确要求统一创建普速铁路精品工程标准

和若铁路创建精品工程立足现行标准、规范和项目批复，传承工匠精神，采取更精细的施工工艺、工法和管理措施，精心组织施工。

一、施工单位级

施工单位层面，各标段的创优规划和精品工程实施方案中要明确：在专业工程"什么地方"创优，和"谁或什么标准"比创优，"具体的标准"是什么（标准可以是数值性或图例式的），实现的"措施"是什么（指工厂化、机械化、小改小革实用等措施，杜绝套话、空话），测量和验收的"工具、方式、标准"是什么。

二、建设单位级

下发《和若铁路创建精品示范工程实施方案》，结合各标段创优规划确定的数值性标准、图例性标准，把精品工程的实施标准具体化、形象化，实现现场可测量和验收。

三、建立信息共享制度

由建设单位组织，各参建单位参加，对已完工程发现问题分析、研究解决措施，制定了预制块边坡防护、拱形骨架护坡防护、地表排水防护、冲刷防护、防护栅栏、框架箱涵沟床及垂裙、桥台锥体 7 个作业指导书，统一技术要求、施工工艺及方法、质量控制措施和验收标准（高于验标标准值）。根据此指导书重新进行了技术交底，让作业队能够理解设计意图，明白施工中的重点措施，确保了成品质量达到精品工程要求。

四、明确和若铁路精品示范工程的实施标准

落实国铁集团领导关于"创建普速铁路精品示范线"的要求，制定下发了《关于和若铁路创建精品示范工程工作的通知》《关于和若铁路创建精品示范工程实施方案的通知》《关于对和若铁路 S4 标创精品工程存在问题的通报》《关于精品工程创建中好的做法和存在问题的通报》等 10 个管理性文件。在过程中对精品工程创建工作进行动态管理，发现好的做法就立即全线推广，对存在的多发问题做到立即整改。

第三节　强化管理注重实效

一、强化施工单位总部管理力度

加强各施工单位所属工程局集团公司对和若铁路标段工程、项目部的管

理，提升项目部管理水平。

强化施工单位所属工程局集团公司对项目部的管理也经历了一个摸索、实践的过程，从要求副职定期来现场，转变到要求副职带领工作组或督导组到现场，再转变到对工作组人员组成、领队副职、督导、工作的内容等提出具体要求，再到常态化工作督导，最后到评价督导、工作组工作质量等过程。

1. 落实国铁集团领导关于“创建普速铁路精品示范线”的要求，具体措施是：

(1)要求各施工单位集团公司组织编制各标段的精品工程创建实施方案，明确工作目标、组织机构、推进计划和实施标准。

(2)各施工单位均成立以集团公司副总经理为组长，集团公司参与过质量创优的相关技术专家为成员的质量创优领导小组，利用各参建单位局集团公司的力量，借鉴各单位参建过的全国各大铁路工程精品创建的经验，投入到和若铁路的精品建设中。

(3)各施工单位集团公司副职到相应标段项目部组织召开精品示范工程样板段建设会议，各监理单位董事长到各监理站召开了精品示范工程样板段建设会议，对标段精品示范工程质量、安全管控和现场落实措施进行安排，确保实现局部创建样板示范工程，整体达到创优标准。

2. 加强施工单位所属工程局集团公司对项目部管理的权威性和时效性。

3. 针对具体问题提出具体要求，强化工作的时效性和针对性。

二、加强施工单位项目部管理

1. 建设单位把对工作状态不佳的项目部的帮扶纳入月度重点工作，在公司党委会上进行安排，明确帮扶形式、帮扶内容与责任人。

2. 包保领导到深入包保的项目部进行工作调研，自当年下月起，包保领导每月对包保项目的重点工作开展情况要有提交的调研报告。

3. 建设单位下发《关于开展站前精品工程验收的通知》(工管调〔2021〕99号)，明确了数值化的验收标准、检查方法、检查数量，每月由包保领导组织工管部、安质部人员对当月施工完成的工程量徒步全面验收，确保建成一段达标一段。

4. 针对建设单位检查发现的问题，要求施工标段要有针对性地落实整改措施。

三、全面从严治党，落实联创共建，发挥基层党组织战斗堡垒作用

自 2021 年 4 月 18 日，建设单位组织各参建单位集团公司副总经理、项目部党工委书记、项目经理召开精品工程示范线启动会议，决定在和若铁路“深入开展联创共建、合力打造精品工程”。从六个方面加强基层党组织发挥党组织战斗堡垒和先锋模范作用，具体是：

(1)充分发挥政治引领作用，营造创精品工程实干氛围；

(2)充分发挥党组织突击攻坚作用，确保创精品工程顺利完成；

(3)充分发挥表率示范作用，激发担当作为精神动力；

(4)凝心聚力，形成共建精品工程强大合力；

(5)充分利用监督考核办法，确保活动务实高效开展；

(6)充分发挥结果运用，总结经验助力建设精品工程目标实现。

第四节　细化措施技术和质量管理上台阶

一、加强技术管理

1. 优化施工工艺，提升施工质量

(1)针对原拱形骨架施工所采取的与拱圈分离式支设模板、浇筑，采用靠尺和铁抹子凸出阳角线条，导致浇筑后成品阳角线条不顺直，不美观，整体性差的问题，变更为将模板改为镶边与主骨架整体式模板一体浇筑，并采用 1.5 mm 直径钢丝绳压出分界面，成品线条顺直，整体性与美观度更好。

(2)在拱形骨架现浇施工中，采用了插入式振动棒振捣后，人工收面与磨光机收面相结合的方式，确保了混凝土的内实外美。

(3)路肩预制块施工，以 500 m 为一段，在预制块两侧分别挂设 1.2 mm 直径的钢丝绳，确保了路肩预制块的整体线形，并对勾缝工具进行了小改小革等一系列的工艺优化，通过保工艺落实来促工程质量。

(4)锥体护坡施工时，采用顶面制作 1/4 椭圆框架，采用钢丝绳加紧线器至少挂 9 道线控制线形。

(5)防护栅栏施工中，先采用 CAD 进行布线，基础放样采用 RTK，立柱标高调整采用水准仪的方式，控制防护栅栏的位置与线形。

2. 严格过程管理

施工单位集团公司、项目部、工区每一个人都进行了责任细化，检查小组

根据检查记录表，核对每一个包保责任人、作业班组对作业指导书的落实情况；对现场过程中发现的问题，及时沟通解决，做到当日事，当日毕。严格按照建设单位下发的作业指导书对现场施工进行检查，作业指导书要求拱形骨架、锥体施工放样采用钢丝绳、紧线器控制线形。

3. 动态调整优化施工工艺

建设单位遵循“发现一个问题，规范一项工作”的原则，在创建精品工程的过程中动态管理，实时优化施工工艺工法，确保现场施工工艺、施工方案、工机具是经过全线各标段间相互比较，推优去差后的最佳方案。例如：在防护栅栏的施工中，从 2020 年 9 月 26 日第一次开现场会（仅现场观摩，没有形成作业指导书）到 2021 年 3 月 9 日公司下发作业指导书，再到现场建设单位下发几次技术通知单，目的就是为了明确防护栅栏的实施标准。在 2021 年 6 月 5 日又专题召开防护栅栏现场交底会，组织各施工单位总工、工区技术负责人，对防护栅栏（图纸号：通线〔2012〕8001）、“防护栅栏设计技术交底”“设计技术通知单”进行现场解读，现场交底，特别是各施工单位对“地势较平坦的地段，宜按照一个坡段设置。适当对地面进行填挖整平，应至少保持 500 m 栅栏上部顺直”中的“一个坡段”理解为“一个顶面标高”，现场实施起来困难，对设计意图理解不透的位置进行现场对照实物讲解，准确全面理解防护栅栏标准要求、全线的施工工艺、方法。

4. 源头上做好优化设计

根据乌鲁木齐局集团公司《铁路建设项目四电工程施工工艺标准》，开展设计优化，具体有：

（1）全线上下路基的踏步由原设计的阴梯改阳梯，有效避免了积沙情况。

（2）为防止块板防护的路基边缘位置的折角空洞，将折角板改为两块长方形的板块，采用板下座 3 cm 砂浆及上板压下板的形式，同时留有 1～2 cm 的檐口。这种做法既让檐口起到了一定的阻沙作用，又有效地解决了空洞的问题。

（3）针对桥台人行道板处的电缆槽至直埋位置，优化设计，增加桥头电缆槽过渡段，让电缆槽从桥上延伸至路肩，既美观又实用，解决了光电缆在桥头位置杂乱无章的现象。

（4）借鉴其他项目将 RPC 盖板变更为钢筋混凝土盖板的经验，有效地防止了大风地区盖板被吹上道，影响行车安全的风险。

（5）客运站房机房内通信线缆采用上、下走线方式，采用铝合金走线架及配套固线器，并增加尾纤槽来布放尾纤；会让站、区间基站机房内通信线缆采用下走线方式，采用铝合金走线架及配套固线器，并增加尾纤槽来布放尾纤。

(6)基站院落采用彩色连锁砖铺装硬化，既有铁艺栅栏顶部增设刺丝滚笼，基站房屋门外增设防风沙门斗，门斗采用成品氟碳门斗。

(7)对 20 个车站信号电缆室内布线优化，综合机房内机柜设备防静电地砖下及机柜间走线使用铝合金走线架；旅客站房一楼电缆引入间至二楼综合机房采用铝合金爬架；爬架或走线架使用固线器固定线缆，固线器间距不大于 400 mm；使线缆均匀散热，线缆整齐有序；同时，对走线架上部防静电地砖进行调整，使用透明玻璃钢材质的防静电地板并在信号电缆井设置电缆支架。

(8)为践行“铁路建设、治沙先行”理念，确保风沙防护工程这个关系到和若铁路建设成败的关键因素也能满足精品工程建设要求，对每座水源井周围场地进行平整，周围设围栏形成院落，地坪采用彩色混凝土连锁砖硬化，同时在院落内种植乔木、和田玫瑰、沙枣等植物打造院落文化。

二、加强质量管理

1. 严抓严管严考核

为将路基坡面防护、桥涵附属工程打造成精品工程，建设单位各级领导、包保干部多次下现场检查，对作业指导书中有关工艺、工法要求的落实情况进行现场检查，督促各项目部主要管理人员对施工工序严格进行检查、管控的良好局面。

2. 落实包保检查措施

(1)建设单位对打造普速铁路精品工程示范线进行研究部署，纳入重点工作进行安排，将建设单位确定的 10 处示范样板段工程明确了首段完成时间和整段完成时间，明确建设单位责任领导及责任人和施工、监理单位负责人进行分段包保。

(2)施工单位所属工程局集团公司督导组每月将精品示范工程创建作为督导的重要内容，每月 10 日前将督导计划行文报建设单位，督导完成后将精品示范样板段的督导内容纳入督导情况报告，于每月 30 日前行文报建设单位。

(3)建设单位责任领导、责任人在精品示范段建设过程中不履职、工作质量不高，造成首段、整段样板段建设不达标的，纳入建设单位月度绩效考核，并按建设单位内部制度进行责任追究。

3. 加强业务培训

建设单位对创优标准、施工工艺标准落实到精品工程管理等都采取了一些有力的措施，对好的经验做法进行了全线推广，促使各施工单位落实作业指导书中工艺要求形成自觉。如：作业指导书要求拱形骨架、锥体施工放样采用钢丝绳、紧线器控制线形。

第五节　创建精品工程管理的理念

树立创建精品工程的理念，具体做法有：

一、确保一次成优

(1)为创建精品示范工程，对桥涵、路基附属工程存在的问题要严格管理和考核，让工程一次性达到精品工程的标准，减少为创建精品而出现大面积返工，避免施工成本增加和对工程实体质量破坏(扰动)情况的发生，确保一次成优。

(2)在进行轨道工程施工精调时，要把轨距、水平、高低等一次调到位，确保轨道工程一次成优。

(3)在"三电"工程还未大面积施工前，建设单位从制定图例式标准、数值型标准，优化设计，"三电"施工、标段集中采购物资等方面进行严格管理，确保一次成优，从开工前就谋划"三电工程"创优标准，确保全线建设标准统一，确保"三电"工程一次成优。

二、做好成品保护

(1)建设单位组织设计、施工单位开展防护栅栏至路基坡脚位置的空间规划，从设计上明确防护栅栏、通信光缆、电力电缆、路基防护工程的平面、立面规划。

(2)统筹安排区间内的坡面防护、防护栅栏、光电缆工程施工顺序。站前工程分区段、分工序给站后单位办理交接手续，交接手续办理后(由监理单位组织站前标段、站后标段现场确认，签认交接单)，才能进行光电缆的挖沟、敷缆、回填施工。防护栅栏须在光电缆施工完成后再实施，防护栅栏实施前站前标段应到站后标段办理施工许可手续，站后单位出具施工配合单，派人现场配合盯控。通过严格控制区间光电缆工程开工做好光电缆的成品保护。

(3)统筹安排桥面电缆槽道盖板安装与光电缆敷设的工序,电缆槽安装调平完成后,由“三电”施工单位进行光电缆敷设,最后进行人行道盖板的安装及调平。

三、做好专业间接口管理

(1)为防止上下路基的踏步积沙,建设单位组织设计单位将阴梯全部变更为阳梯,有效防治了踏步积沙的问题。

(2)把桥头位置的光电缆从电缆槽经钢管防护入土变更为混凝土电缆槽道,与桥梁上的电缆槽人行道步板做到美观实用的过渡。

(3)把上下路基位置的直埋光电缆变更为采用电缆槽道的方式,既有效地减小光电缆施工对路基边坡的损坏,又方便了后期光电缆的检修。

参 考 文 献

[1] 孙明智,程建军,唐广辉,等.铁路风沙防治工程[M].北京:中国铁道出版社有限公司,2021.

[2] 赵性存.中国沙漠铁路工程[M].北京:中国铁道出版社,1988.

[3] 程建军,王瑞,王连,等.铁路治沙 HDPE 网的数值模拟计算[J].中国铁道科学,2019,40(6):1-8.

[4] 李飞鹏.风沙灾害对铁路运输的影响及机械沙障防护效应研究[D].兰州:兰州交通大学,2020.

[5] 张克存,屈建军,鱼燕萍,等.中国铁路风沙防治的研究进展[J].地球科学进展,2019,34(6):573-583.

[6] 中铁第一勘察设计院集团有限公司.新建铁路和田至若羌线风沙专题研究报告[R].西安:中铁第一勘察设计院集团有限公司,2018.

[7] 李红忠,李生宇,雷加强,等.塔克拉玛干沙漠不同矿化度水灌溉造林试验研究[J].干旱区地理,2005(3):305-310.

[8] 金昌宁,李志农,等.塔克拉玛干沙漠公路固沙措施存在问题研究[J].公路交通科技,2007.

[9] 铁道部第一勘测设计公司.铁路工程设计技术手册　路基[M].北京:中国铁道出版社,1992.

[10] 国家铁路局.铁路路基设计规范:TB 10001—2016[S].北京:中国铁道出版社,2017.

[11] 国家铁路局.铁路特殊路基设计规范:TB 10035—2018[S].北京:中国铁道出版社,2018.

[12] 中华人民共和国铁道部.铁路工程不良地质勘察规程:TB 10027—2012[S].北京:中国铁道出版社,2012.

[13] 国家铁路局.铁路工程地质勘察规范:TB 10012—2019[S].北京:中国铁道出版社,2019.

[14] 雷昌龙.和若铁路桥墩装配式连接工艺研究[J].世界桥梁,2020,48(6):33-37.

[15] 葛继平.节段拼装桥墩抗震性能试验与理论分析[D].上海:同济大学,2009.

[16] 赵宁.预制节段拼装空心混凝土桥墩拟静力试验和分析研究[D].上海:同济大学,2009.

[17] 张扬,苏国明. 单线铁路预制拼装桥墩设计探索[J]. 铁道标准设计,2020,64(增刊1):158-163.

[18] 黄国斌,查义强. 上海公路桥梁桥墩预制拼装建造技术[J]. 上海公路,2014(4):1-4.

[19] 范立础. 桥梁工程[M]. 北京:人民交通出版社,2001.

[20] 国家铁路局. 铁路桥涵设计规范:TB 10002—2017[S]. 北京:中国铁道出版社,2017.

[21] 国家铁路局. 铁路桥涵混凝土结构设计规范:TB 10092—2017[S]北京:中国铁道出版社,2017.

[22] 铁道部第四勘测设计院. 铁路工程设计技术手册 桥梁墩台[M]. 北京:中国铁道出版社,1997.

[23] 雷素敏,吕贤良,章开东. 空心薄壁墩温度效应有限元分析[J]. 铁道建筑,2019,59(5):47-50.

[24] 葛继平,刘丰,魏红一,等. 胶接缝连接的节段拼装桥墩抗震分析模型[J]. 武汉理工大学学报(交通科学与工程版),2009,33(5):880-883.

[25] 高飞. 单柱式和双柱式节段拼装桥墩抗震性能研究[D]. 北京:北京交通大学,2019.

[26] 姚晓飞,徐岳,刘士林,等. 预制节段拼装混凝土桥墩力学性能研究进展[J]. 公路,2013(5):59-64.

[27] 夏樟华,余舟扬,葛继平,等. 灌浆波纹管装配式PC双柱墩双向拟静力试验[J]. 中国公路学报,2021,34(1):93-103.

[28] 祁小山,王博. 丝绸之路·新疆古代文化[M]. 乌鲁木齐:新疆人民出版社,2008.